KB201244

영혼의 어두운 밤

밤이 깊을수록

새벽은 가까워 오나니……

영혼의 친구 _____ 드림

한 정신의학자가 어두움과 영성적 성장 사이의 관계를 탐구한 빼어난 작품

영혼의 어두운 밤

제랄드 메이 지음, 신선명 · 신현복 옮김

치유와 돌봄이 있는 희망의 선교동산
아침영성지도연구원

THE
DARK NIGHT OF THE
SOUL

A Psychiatrist Explores the
Connection Between Darkness
and Spiritual Growth

by Gerald G. May, M. D.

Published by Harper SanFrancisco

All Rights Reserved

들어가는 말

> 동정을 동반하는 삶의 불공평에 대한 우리의 응답, 이것은……하나님
> 의 실재에 대한 가장 확실한 증거일 수 있다.
>
> ─랍비 해럴드 쿠쉬너[1]

영혼의 어두운 밤을 헤쳐 나가는 것에 관하여 말할 때 사람들은 보통 자신이 아주 나쁜 일을 경험하고 있는 것처럼 말합니다. 하지만 정말로 나쁜 소식은, 나쁜 일이 어느 누구에게나 일어난다는 것입니다. 여러분이 좋은 사람인지 나쁜 사람인지는 전혀 상관없습니다. 여러분이 얼마나 효과적으로 자기 삶을 이끌어 왔는지도, 얼마나 주의 깊게 미래를 설계해 왔는지도 전혀 소용없습니다. 하지만 좋은 일 역시 모든 사람에게 똑같이 일어난다는 것은 좋은 소식입니다. 적어도 좋은 소식 쪽에 해당되겠지요.

아무래도 처음부터 고백해야 할 것 같습니다. 좋은 일과 나쁜 일의 차이를 도저히 잘 설명할 수 없다는 사실을 말입니다. 물론 인간의 역사에는 죄악이라고 치부할 수밖에 없는 사건들이 아주 많이 발생합니다. 하지만 내면적인 개인의 경험에 비추어 볼 때 내게는 좋은 일과 나쁜 일의 차이가 점점 흐릿해져만 갔습니다. 어떤 일들은 아주 멋진 일처럼 시작되었다가 끔찍하게 끝나기도 했고, 또 어떤 일들은 처음에는 나쁜 일이었던 것이 결국에는 축복으로 판명되곤 했습니다. 나는 1995년에 암 선고를 받았습니다. 그때 나는 그것이 나쁜 일이라고 생각했습니다. 하지만 그 경험은 나를 그 어느 때보다도 하나님과 나의 소중한 사람들에게 가까이 이끌었고, 그것은 정말로 멋진 일이었습니다. 화학요법은 두렵게 느껴졌지만, 결국은 완벽한 치유를 안겨줬고, 나는 그것이 좋은 일이었다고 결론짓게 되었습니다. 나중에 나는 화학요법 때문에 심장병을 얻게 되었다는 사실을 알았습니다. 그래서 지금은 심장 이식을 기다리고 있는 중입니다. 그러다가 어느 시점에서 나는 무엇이 정말 좋은 일이고 무엇이 정말 나쁜 일인가 구분하는 일을 그만 포기하게 되었습니다. 이젠 정말 도무지 뭐가 뭔지 모르겠습니다.

모른다는 것 자체가 어쩌면 나쁜 일처럼 생각되겠지만, 이제 나는 그것이 영혼의 어두운 밤이 주는 멋진 선물들 가운데 하나라는 확신을 갖게 되었습니다. 신비에 파묻히는 것은 처음에는 굉장히 괴로운 일일 수 있습니다. 하지만 시간이 흐를수록 나는 그 신비 속에서 한없는 위로를 얻게 되었습니다. 모든 억압이 사라졌습니다. 이제 나는 더 이상 좋은 경험과 나쁜 경험을 위하여 내가 한 일들이 과연 옳은가 그른가 알아내려고 안달복달하지 않습니다—아무리 그래봤자 결국은 알 수가 없기 때문입니다. 나는 온갖 문제들 속에서 군이 영성적인 교훈을 찾으려고 애쓰지 않습니다. 물론 영성적인 교훈들이 많이 들어 있었습니다. 하지만 그 교훈들은 삶의 과정 속에서 내게 '주어진' 것일 뿐입니다; 어느 하나만 따로 계산할 수는 없는 노릇이지요.

가장 커다란 교훈들 중 하나—어두운 밤이 주는 또 하나의 선물—는 바로 내가 원하는 만큼 삶을 통제할 수 없다는 깨달음입니다. 이것은 결코 쉬운 깨달음이 아닙니다. 특히 나처럼 책임을 맡은 사람들, 모든 것을 통제할 수 있다고—또 반드시 '그래야만 한다'고—생각하는 사람들에게는 더더욱 그렇습니다. 다른 사람들은 삶의 흐름에 따라 좀 더 자연스럽게 흘러갈 줄 압니다. 그들은 자신이 감당할 수 있는 일들만 처리하고는 다음 순간으로 계속 나아갑니다. 그들 역시 어두운 밤, 혼란스럽고 무력하게 느껴지는 순간을 경험하기는 마찬가지입니다. 하지만 그들은 그런 일로 괴로워하지 않습니다. 어두운 밤을 경험할 때마다 우리는 선물을 받게 됩니다. 우리는 전보다 더 자유롭고, 좀 더 쓸모 있고, 좀 더 동정적이며, 좀 더 감사할 줄 아는 사람이 됩니다. 모른다는 것, 통제할 수 없다는 것과 마찬가지로, 자유와 감사 역시 어두운 밤의 변함없는 특징입니다. 하지만 그것들은 어두움이 지나간 다음에야 비로소 우리에게 도착합니다. 새벽과 함께 다가오는 것입니다.

1981년, 해럴드 쿠쉬너가 다정다감한 자신의 고전〈착한 사람들에게 나쁜 일이 생길 때〉 *When Bad Things Happen to Good People* 를 출간할 때까지만 해도, 수도원 밖의 사람들은 영혼의 어두운 밤에 대하여 거의 들어보지 못한 상태였습니다. 그것에 대하여 알고 있는 사람들은 대체로 그것이 배타적인 신비주의 현상—가장 거룩한 성자들을 위하여 예비된 현상—이라고 생각했습니다. 하지만 시대가 바뀌면서, 이제는 '영혼의 어두운 밤'이 대중 영성 집단에서도 유행어가 되었습니다. 그들 사이에서 이 말은 중대한 삶의 비극으로부터 소소한 실망에 이르기까지 온갖 종류의 불행을 설명하는 데 이용되고 있습니다.

부분적으로, 내가 이 책을 쓴 이유 가운데 하나는, 그 두 가지 해석이, 옛것이나 새것이나 모두 잘못되었다고 확신하기 때문입니다. 영혼의 어두운 밤은 성자에게만 제한된 것이 아닙니다. 나는 그것이 모든 사람들에게 벌어지는 일이라고 믿습니다. 그것은 형언할 수 없는 자유와 기쁨을 향한 심원한 변혁이자 진전입니다. 그리고 사실 영혼의 어두운 밤이 언제나 불쾌한 것일 필요는 없습니다!

만일 여러분이 지금까지 영혼의 어두운 밤에 대하여 한 번도 들어본 적이 없다면, 그것이 역사적으로 무엇을 의미하는지, 좀 더 중요하게는 그것이 여러분의 삶에 어떤 의미가 될 수 있는지를 이 책을 통하여 충분히 알게 되기를 바랍니다. 어두운 밤은 정말로 좋은 것입니다. 그것은 우리를 집착과 충동으로부터 해방시켜 주고 또 우리가 좀 더 자유롭게 살아가고 사랑할 수 있도록 힘을 주는 지속적인 영성 과정입니다. 때때로 이렇게 옛날 방식을 버리는 것은 고통스러운 일입니다. 심지어는 파괴적이기까지 합니다. 하지만 이런 이유 때문에 밤을 "어둡다"고 하는 것은 아닙니다. 밤의 어둠은 결코 불길함을 의미하지 않습니다. 단지 알 수 없는 방식으로, 우리의 지식과 이해를 넘어선 방법으로, 해방이 일어난다는 것을 의미합니다. 그것은 신비스럽게, 비밀스럽게, 그리고 우리의 의식적인 통제를 벗어나서 벌어집니다. 바로 그런 이유 때문에 그것은 불안한 것 또는 두려운 것으로 여겨집니다. 하지만 결국엔 언제나 우리에게 유익한 결과를 가져다줍니다.

그 무엇보다도 나는 영혼의 어두운 밤이 삶에 '의미'를 부여해 준다고 생각합니다. 그 의미는 알지 못하는 가운데 주어집니다. 대그 해머스퀼드는 마지막 작품들 가운데 하나에서 이것에 관하여 설명하고자 했습

니다

> 나는 누가—또는 무엇이—질문을 던졌는지 모른다. 또 언제 그런 질문
> 이 던져졌는지도 모른다. 심지어는 그 질문에 대한 답이 무엇이었는지
> 도 기억이 안 난다. 그러나 어느 순간 나는 어떤 사람에게—또는 어떤
> 것에게—예라고 대답했고, 그때부터 존재란 의미 있는 것이라는 확신,
> 고로 인종(忍從)의 내 삶에도 목표가 있다는 확신을 갖게 되었다.[2]

어두운 밤중에 드러난 의미는 이해의 범위를 넘어섭니다. 해머스퀼
드의 말처럼, 사람은 결코 그것의 의미를 이해할 수가 없습니다. 하지
만 의미가 존재한다는 확신, 삶이란 그저 대처나 순응에 지나지 않는
것이 결코 아니라는 확신이 우리에게는 남아 있습니다. 신비로운 말처
럼 들리겠지만, 우리의 실존 한가운데에는 뭔가 멋진 것이 존재합니다.
그것은 다름 아닌 사랑입니다: 하나님을 향한 사랑, 다른 사람들을 향
한 사랑, 피조물을 향한 사랑, 삶 자체를 향한 사랑인 것입니다.

지난 25년 동안, 나는 의학과 정신의학 분야에 종사하면서 괴로움을
견뎌내기 위하여 투쟁하는 많은 사람들과 함께 할 수 있는 영광을 가졌
습니다. 종종 우리는 고통을 완화시킬 수 있는 방법을 발견하기도 했습
니다. 때로는 그 안에서 의미를 발견하기까지 했습니다. 하지만 그럼에
도 불구하고 우리는 언제나 위로를 찾는 데에만 급급해서, 의미를 찾을
수 있는 기회는 거의 얻지 못했습니다. 이것은 오로지 문제 해결에만
몰두하는 의료 시스템, 너무도 능률적인 나머지 사람들의 영혼에서 벌
어지는 일에는 전혀 관심이 없는 의료 시스템의 저주입니다.

좌절에 빠진 나는 점차적으로 의학 분야에 종사하는 것을 떠나게 되
었으며, 영성적인 교제의 기술 쪽으로 점점 관심을 돌리게 되었습니다.

이제는 우선권이 뒤바뀌었습니다; 고통을 완화시키는 데 대한 관심은 여전하지만, 가장 중요한 것은 바로 의미입니다. 바로 이런 상황에서 나는 영혼의 어두운 밤에 관한 요한의 글을 최초로 접하게 되었습니다.

그의 통찰을 내가 그런 식으로 받아들여야 했다는 것이 정말 이상합니다. 감리교 신자인 부모님은 나에게 가톨릭의 모든 것들—특히 성자—에 대한 건전한 의심을 물려 주셨습니다. 가톨릭 신자인 내 친구들마저도 요한에 관한 말을 하면 언짢은 얼굴을 합니다. 그들은 요한을 일컬어 금욕적이고 황량하며 삶을 거부해 버린 사람이라고 부릅니다. 하지만 나는 그의 시를 읽는 동안 황량한 것, 금욕적인 것을 전혀 발견하지 못했습니다. 심지어는 성자다운 것도 발견하지 못했습니다. 내가 읽은 시는 치솟는 열정과 넘치는 사랑, 관능적인 열망, 그리고 기쁨으로 가득 찬 노래였습니다. 그의 시에는 종교적인 단어가 단 한 마디도 등장하지 않았습니다.

> *Oh noche que guiaste!*
> *Oh noche amable más*
> *que el alborada!*
> *Oh noche que juntaste*
> *Amado con amanda,*
> *amada en el Amado*
> *transformada!*

> 오 그대 인도해 주는 밤이여!
> 오 친절한 밤이여,

새벽보다 더!

오 그대 묶어 주는 밤이여,

사랑하는 이와 사랑받는 이를,

사랑하는 이 안에서 사랑받는 이를

변화시키도다!³⁾

　　꼭 뉴에이지의 환상처럼 들리겠지만, 나는 이 시를 읽으면 읽을수록
이 16세기 스페인 수도사가 나를 이해해 주고 있다는 생각이 듭니다—
실제로 그가 내 존재의 가장 깊숙한 내면까지도 잘 알고 있었다는 느낌
이 드는 것입니다. 그는 프로이트나 융, 또는 그 동안 내가 읽은 다른 권
위 있는 정신 분석가들의 책보다도 더 생생하게 내 자신의 경험을 설명
해 놓았습니다. 더욱이 그는 나의 경험에 의미도 부여해 주었습니다.

　　십자가의 요한은 몇 가지 이유 때문에(그 이유에 대해서는 앞으로
차차 밝히게 될 것입니다) 그 동안 너무도 많은 오해를 받아왔습니다.
본래 요한이 의미했던 영혼의 어두운 밤은 결코 불길하거나 부정적인
것이 아닙니다. 오히려 이것은 우리 모두가 살아가면서 겪게 되는 기쁨
과 고통을 깊이 격려해 주는 비전입니다. 이것은 고난과 불의를 될 수
있는 대로 최소화시키고자 하는 욕망을 고무합니다. 동시에 이것은 피
할 수 없는 고통에 대해서도 희망이 가득한 빛을 비추어 줍니다. 이것
은 비의적인 것으로 남겨 두기에는 너무나 멋지고, 하찮게 다루기에는
너무나 심오합니다.

　　또 하나의 오해—나로 하여금 이 책을 쓰게끔 만든 요인—는 진정한
영성적 성장은 위대하고 극적인 비극을 필요로 한다는 가정입니다. 이
러한 신화는 "고난은 영혼에 유익한 것이다" 부터 "고통 없이는 얻는 것

도 없다" 까지, 아주 여러 가지 형태를 취합니다. 심지어 이것은 인간의 고난을 '하나님의 뜻' 인 것처럼 정당화시키는 데에도 사용되었습니다.

많은 사람들이 내게 털어 놓기를, 그 동안의 삶이 충분히 고난스럽지 않았으므로 자신의 영성적 삶은 다소 불완전하게 느껴진다고 하였습니다. 확실히 삶에는 고난이 뒤따릅니다; 어느 누구도 고난을 피해갈 수는 없습니다. 하지만 요한의 통찰은 나로 하여금 고난이 어떤 영성적 엘리트를 위하여 고안된 신적 정죄로부터 비롯되는 것이 아니라는 사실을 이해할 수 있도록 도와주었습니다. 오히려 고난은 삶 그 자체의 단순한 환경으로부터 발생하는 것입니다. 때때로 인간의 고난은 극적이기도 하고 소름이 끼치기도 합니다. 또한 평범하고, 겸허하고, 조용한 고난은 더욱 더 많습니다. 하지만 그 어느 쪽도 '하나님의 뜻' 은 아닙니다. 신적 존재는 우리에게 고난을 주고자 하는 분이 아닙니다. 오히려 신적 존재는 삶의 온갖 경험 속에서, 고난과 기쁨 속에서 우리와 '함께' 하십니다. 그리고 그 존재는 언제나 우리를 좀 더 큰 자유와 사랑으로 초대하십니다.

이것과 관련된 오해 한 가지는, 어두운 밤이란 게 생애에서 딱 한 번 겪는 것이며, 그것을 겪고 나면 어떤 영속적인 상태의 현실화된 연합과 영성적 엑스터시로 나아가게 된다고 하는 가정입니다. 요한에게도 어쩌면 이러한 혼동의 책임이 일부 있을지도 모릅니다; 사실 그의 주석 중 일부는 아주 직선적입니다. 하지만 그 자신의 삶은 전혀 다른 사실을 보여 줍니다. 요한의 가장 중요한 스승이자 영성 지도자였던 아빌라의 테레사*Teresa of Ávila* 역시 마찬가지입니다. 테레사는 자신이 그런 식의 극적인 연합 상태를 경험한 것 가운데 가장 긴 시간이 "약 30분" 에 불과했노라고 고백하면서 다음과 같이 주장했습니다: "어느 누구도 처음으로 되돌아가지 말아야 할 정도로 엄청난 발전을 기도 중에 이룩하는 사람은 없습니다."[4] 나는 영혼의 어두운 밤이 단 한 번의 궁극적인 경험이라기보다는, 우리의 삶 전체를 통해서 여러 가지 방식으로, 언제나 신비롭고 언제나 희망 가득히, 나타나는 것이라고 확신합니다.

따라서 내가 이 책을 쓴 것은, 그 동안 영성 생활의 아주 중요한 측면들을 왜곡하고 가려왔다고 생각되는 혼동사항들을 해결하기 위한 하나의 방책이라고 해도 과언이 아닙니다. 이처럼 여러 가지 혼란스러운 점들을 명확히 밝혀내기 위하여 나는 종종 원본으로 돌아가서, 요한과 테레사의 작품을—때로는 스페인어로 된 그들의 작품을 그대로—인용할 것입니다. 여기에는 몇 가지 문제가 따릅니다. 첫째, 비록 테레사의 원본들이 다수 남아 있기는 하지만, 요한의 원본은 거의 남은 게 없다는 점입니다. 따라서 요한의 작품은 스페인어판조차도 손으로 쓴 사본들이고, 그것들 가운데 다수는 부정확한 사본으로 알려져 있는 것들입니다. 더욱이, 나 자신이 스페인어를 그리 잘하지 못한다는 점도 걸림돌이 됩니다. 그렇지만, 스페인어가 유창한 사람들의 도움을 힘입어서, 그리고 유능한 번역본들과, 본문에 대한 내 자신의 해석 등으로 인하여, 나는 원래의 의미를 거의 대부분 파악할 수 있었노라고 확신합니다. 또한 그 과정의 여기저기에서 나는 내 자신의 곡해를 덧붙였습니다—나는 그저 그것들이 그런 식의 딱지를 붙일 수 있는 것인지 아닌지 알고 싶을 따름입니다! 하지만 최소한 나는 테레사와 요한의 작품에 대한 또 하나의 위험스런 버전을 제공하게 될 것입니다—이 버전이 원본을 존중하는 것이기를, 그리고 동시에 현대적 지식으로 해명될 수 있기를 간절히 바라는 바입니다.

비단 원본의 언어와 신빙성만이 어려운 문제로 대두되는 것은 아닙니다. 어두운 밤이라는 개념은 본래 500년 전, 내게는 낯선 문화와 신학적 맥락에서 생겨난 것입니다. 요한과 테레사가 공유하고 있는 본질적인 자료는 모두 인간 정신의 깊이와 원동력에 관한 것입니다. 하지만 이것들은 현대과학이 우리에게 제공해 준 복잡미묘한 심리학적·신경학적 통찰들이 부족합니다. 그러나 이러한 문제점은 나에게 오히려 흥미를 더해 주는, 나를 풍요롭게 만드는 과정임이 밝혀졌습니다. 그리고 나는 여러분 역시 그렇게 되기를 희망합니다. 영혼의 어두운 밤은 우리의 현대적 경험을 얼마든지 설명해 줄 수가 있습니다. 그리고 오늘의 지식 역시 영혼의 어두운 밤을 설명해 줄 수 있습니다.

상호 조명이라는 이 과정은 또한 대중화로 인해 왜곡되어 버린 다른 여러 개념들 역시 설명해 줄 수가 있습니다─기도나 명상, 관상, 그리고 인간의 영성적 성장 과정과 같은 개념들. 그러나 왜 착한 사람들에게 나쁜 일들이 일어나는가에 대한 해답을 제공해 준 랍비 쿠쉬너보다 더 나은 해답을 제시할 수는 없을 것입니다. 쿠쉬너는 자신의 책 결론 부분에서 "'해답' 이라는 단어는 '설명' 이라는 의미도 있지만 '응답' 이라는 뜻도 가지고 있다"고 지적합니다. 그는 좀 더 중요한 문제는 왜 나쁜 일이 생기는가가 아니라 우리가 그 일들에 대하여 어떤 식으로 응답하는가라고 주장합니다.[5]

쿠쉬너는 인간의 고난에서 하나님이 맡으신 역할이 우리와 함께 견뎌 내시는 것, 우리에게 용기와 힘을 주시고, 열정과 용서로 응답할 수 있는 힘을 부여하시는 것이라고 말합니다. 나 역시 그 말에 동의합니다. 나는 영혼의 어두운 밤이 좀 더 심오한 영성적 활동을 드러내는 것이라고 생각합니다: 온갖 인간 경험들을 통하여─좋은 일들뿐만 아니라 나쁜 일들을 통해서도─지속적으로 자비로우시고, 사랑하시고, 근본적으로 '보호해 주시는' 인도하심을……

　테레사와 요한에게, 어두운 밤은―사실은 삶 전체가―하나의 연애 사건에 관한 이야기에 불과합니다: 우리가 서로 사랑할 수 있도록 해방 시켜 주는, 하나님과 인간 영혼 사이의 로맨스……. 만일 여러분이 하나님이 안 계신다는 확신을 갖고 있다면, 이 이야기는 몇 편의 절묘한 시를 탄생시킨 로맨틱 판타지가 될 것입니다. 정반대로, 만일 여러분이 하나님이 누구신가 또는 무엇이신가에 대한 확신을 품고 있다면, 이 이 야기와 그 속의 시들에 대해서 고민을 하게 될 것입니다. 테레사와 요한의 경우, 사랑 받는 이들은 한없는 신비이며, 언제까지나 우리의 이해 능력을 넘어서는 것입니다. 그러므로 만일 우리에게 선택권이 주어 진다면, 우리 모두가 자신의 신앙과 불신앙을 가볍게 유지하는 게 최선의 방책입니다. 테레사의 이야기, 요한의 이야기에 비추어서 여러분 자신의 삶의 경험이 지니고 있는 진실에 귀를 기울여 보십시오. 바로 그곳이 우리가 출발해야 할 지점입니다.

· Duruelo

· Medina del Campo

Salamanca ·   · Segovia
Fontiveros ·

Ávila ·   · Madrid

· Toledo

차 례

제1장

작은 거인
테레사와 요한의 이야기

> 차이점은 서로 존중해 주고 공통점은 서로 중시해 주면서 유대
> 인과 그리스도인과 무슬림이 서로 사이좋게 살 수 있다는 사실
> 은 수세기 동안 그들이 바로 그렇게 지내왔다는 사실을 통하여
> 여실히 입증되고 있다.
>
> —제임스 캐럴[1]

유대인과 그리스도인과 무슬림은 진정으로 조화를 이루며 살았습니다. 그때와 그곳을 "어떤 이들은 일종의 낙원이라고 기억하고 있습니다." 이것은 콘비벤시아*convivencia*, 곧 "함께 살아가기"로 알려져 있습니다. 때는 9~12세기 경, 장소는 스페인이었습니다. 캐럴이 자세히 설명해

주듯이, 그 시기는 무슬림들이 그리스도인들의 예배를 위하여 자신들의 성전 문을 활짝 열었던 시기이며, 유대인들이 그리스도교 어린이들을 가르치기 위하여 교사가 되었던 시기입니다. 이 풍요로운 신앙과 문화의 교류를 통하여 유명한 대학교들이 생겨났고, 위대한 유대교 철학자 모세 마이모니데스*Moses Maimonides*—히브리어가 아니라 아라비아어로 글을 쓰는 쪽을 택했던—같은 명망 높은 사상가들이 탄생하였습니다.

스페인 밖에서 생겨난 종교적 싸움은 12세기의 콘비벤시아를 서서히 파괴하기 시작했습니다. 하지만 그 풍요로운 유산의 흔적은 16세기까지 지속되어 아빌라의 테레사와 요한에게까지 이어졌습니다. 테레사와 요한은 여러 가지 면에서 콘비벤시아의 창조적 유산을 물려받았습니다.

요한은 영혼의 어두운 밤이라는 개념의 공로자로 영원히 추앙받을 것입니다. 하지만 그 영감은 요한 혼자만의 것이 결코 아니었습니다. 요한 스스로도 무명의 6세기 신비주의자(디오니시우스라는 이름으로 글을 쓰고 '어두움의 광선'에 관하여 말했던)를 포함하여 수많은 이전 작가들에게 빚이 있다고 인정하였습니다.[2] 하지만 요한의 작품에 영향을 준 수많은 작가 가운데 가장 중요한 인물은 다름 아닌 테레사입니다. 그는 테레사를 영적인 어머니라고 불렀습니다. 비록 그가 출처를 테레사라고 밝힌 경우는 드물지만, 요한이 사용한 비유적 표현과 그의 근본적 통찰들 대부분이 바로 테레사의 초기 저술에서 찾아볼 수 있는 것들입니다. 따라서 어두운 밤의 의미를 제대로 이해하려면, 먼저 아빌라의 테레사로부터 출발해야만 합니다.

테레사

스페인의 바위투성이 중부 고지, 마드리드로부터 서쪽으로 50마일 떨어진 곳에 고대 성벽으로 둘러싸인 도시, 아빌라가 위치해 있습니다. 아빌라는 아다야 강, 두 개의 큰 산맥 사이에 위치해 있습니다. 남쪽으로는 그레도스 산맥이, 동쪽으로는 과다라마 산맥이 있지요. 테레사는 1515년 이른 봄 어느 추운 날 그곳에서 태어났습니다.

그 해는 페르디난드 왕이 통치하던 마지막 해였습니다; 이사벨라는 이미 십 년 전에 죽었습니다. (스페인 종교재판소를 설립하고) 유대인 전부를 스페인으로부터 추방하여 콘비벤시아의 공식적인 결말을 가져오고, 콜럼버스를 신세계로 보낸 다음에 말입니다. 발보아는 태평양 전체가 스페인 소유라고 주장했으며, 미국에서 가져온 보물들은 스페인을 세계에서 가장 부유하고 가장 강력한 제국으로 만들어 주었습니다. 그밖에도, 이 해는 레오나르도 다빈치가 막 〈모나리자〉*Mona Lisa*를 그렸으며, 미켈란젤로가 막 다비드 상을 완성한 시기였습니다. 코페르니쿠스는 지구가 태양 주위를 공전한다는 주장을 피력하기 시작하였으며, 이로부터 2년 후에 마르틴 루터는 자신의 선언문을 비텐베르크 교회 문에 못 박았습니다.

테레사는 옷감 상인의 부유한 가정에서 태어났습니다. 그녀의 할아버지는 종교재판소에 따라 그리스도교로 개종한 유대인*converso*이었습니다. 그녀의 아버지는 열두 자녀를 전부 다 교육시키고자 했으며, 딸들 역시 집에서 읽고 쓰는 것을 배우게 하였습니다―그 당시만 해도 여자들을 위한 공교육(학교교육)이 전혀 없었습니다. 테레사는 영리하고 활발하며 모험심이 강했고, 그 시대의 다른 어린이들처럼 열렬한 신앙심을 지니고 있었습니다. 7살 때 테레사는 성자들의 생애를 읽고 너무나도 깊은 감명을 받은 나머지, "무어인들의 땅으로 들어가⋯⋯그들에게 우리의 머리를 자르라고 하기 위해서" 오빠와 함께 가출하여 순교자가 되려고 한 적까지 있었습니다. 그들 남매는 도시의 경계구역에서 삼촌에게 붙잡혔습니다. 삼촌은 그들을 걱정하고 있는 어머니에게로 데려갔습니다. 테레사는 나중에 이렇게 기록하였습니다: "우리의 가장 큰 장애물은 바로 우리에게 부모님이 있다는 사실이었다."[3]

테레사가 12살이었을 때 어머니가 돌아가셨습니다. 그로부터 오래지 않아 그녀의 아버지는 그녀의 열정이 영성으로부터 로맨스 소설로, 그리고 당연히 소년에게로 옮아갔다는 사실을 알아냈습니다. 아버지는 그녀의 장래가 걱정된 나머지, 16살인 그녀를 수녀원 부속학교로 보냈습니다. 그는 결코 딸이 수녀가 되기를 원치 않았습니다. 또한 그는 딸의 열정이 다시금 기도와 종교적 삶을 향한 부르심 쪽으로 점점 변하리라는 사실도 전혀 예측할 수가 없었습니다.

테레사의 아버지는 딸이 수녀가 되는 것을 완강히 반대하였습니다. 따라서 수녀가 되기로 결심할 당시, 테레사는 아버지와 크나큰 투쟁을 벌여야만 했습니다. 그리고 그 갈등 때문에 그녀는 병에 걸리고 말았습니다(이 병을 시작으로 그녀는 남은 생애 동안 수많은 질병에 시달려야 했습니다). 그래서 결국엔 학교를 떠날 수밖에 없었습니다. 회복되기까지는 자그마치 2년이라는 시간이 걸렸고, 그 동안 종교적 삶을 향한 소명의식은 점점 더 커져만 갔습니다. 결국 스무 살 되던 해에 그녀는 아버지에게 자신의 결심을 확신시켜 드렸고, 카르멜회의 수련 수녀가 되었습니다.

전문 직업인으로서 수녀가 되고 난 뒤 2년도 채 되지 않아, 그녀는 다시 병에 걸렸습니다. 그녀는 3년 동안이나 병자로 있게 한 다리 마비 때문에 고통을 받고 있었습니다. 그 후 27살이 되었을 때, 성 요셉께 기도드리는 동안에 그녀는 기적이 일어나 자신이 완전히 회복된 것 같은 기분을 체험했습니다. 그리고 바로 그 해, 1542년에, 30마일도 채 안 떨어진 폰타베로스의 작은 마을에서, 요한이 태어났습니다.

요한

요한의 아버지도 테레사의 아버지처럼 옷감 상인의 부유한 집안 출신이었습니다. 하지만 그 가족은 요한의 아버지가 자신의 사회적 지위에 한참 미치지 않는 가난한 직공인 어머니와 결혼하자 의절을 하고 말았습니다. 그리하여 요한은 테레사와 달리 가난한 가정에서 태어났습니다. 설상가상으로 그의 아버지는 요한이 태어난 지 얼마 되지도 않아서 요한과 어머니, 그리고 두 남동생을 가난 속에 남겨둔 채 돌아가시고 말았습니다. 남동생 하나가 죽고 나서(아마도 영양실조가 원인이었을 것입니다), 어머니는 메디나 델 캄포로 이사를 하였습니다. 그곳에서 어머니는 요한을 한 교회의 고아원학교에 보낼 수가 있었습니다. 그곳에서 그는 식사를 하고 교육을 받았습니다. 그는 학문적으로 탁월하였으며, 병원의 잡부로 일하는 십대였습니다.

그가 종교적 삶이 아닌 다른 어떤 직업에 대하여 고려해 본 적이 있는

지의 여부는 우리로서는 전혀 알 수가 없습니다. 17살의 나이로 그는 근처의 예수회 학교에 들어가 다시 뛰어난 재능을 발휘하였습니다. 그는 정식 신학공부를 시작하는 그 순간까지 나무랄 데 없는 명성을 쌓아 올렸습니다. 그가 일하던 병원의 관리자는 그가 병원의 원목으로 다시 돌아와 주기를 원했으며, 그가 공부하던 예수회 학교의 교육자들은 그가 자기들 집단에 합류해 주기를 바랐습니다. 하지만 요한 자신은 좀 더 관상적인 생활양식을 원했고, 결국 1563년, 그는 메디나 델 캄포의 카르멜회 수련 수사가 되었습니다.

테레사의 어두운 밤

한편 바로 그때, 아빌라에서는 50세가 가까워진 테레사가 자신의 첫 번째 저서인 〈인생〉의 마지막 교정을 보고 있었습니다. 지난 20년 동안 그녀의 삶은 그리 순탄치가 못했습니다. 물론 처음에는 모두들 죽을 것이라고 생각했던 질병으로부터 뜻하지 않게 치유함을 받음으로써 무척이나 기쁜 출발을 하였습니다. 그녀는 자신이 회복을 받았기 때문에, 치유의 기적을 베풀어 준 분이라고 믿었던 성 요셉에게 최대한으로 헌신하였습니다. 그리고 열정이 지나치면 흔히들 그렇듯이, 그녀의 자매들에게도 똑같이 행동하라고 격려하였습니다. 실제로 그녀의 자매들은 아무런 주저 없이 응답하였고, 그녀는 곧 자신이 상당히 영성적인 자긍심에 굴복하였다는 사실을 깨닫게 되었습니다.

그러자 그녀는 자신의 열정을 거두었습니다. 지나치게 신중하고 고통스러울 정도로 자신의 다른 모든 결점들을 의식하게 됨으로써, 그녀는 자신에 대한 혐오감을 너무도 크게 발전시킨 나머지, 심지어는 자신이 기도할 가치조차도 없는 사람이라고 여기게 되었습니다. 그녀는 거의 2년 동안이나 기도 생활을 포기하고 살았으며, 이 시절의 결정에 대해서 남은 생애 동안 정말로 후회 많이 하였습니다. 그녀는 후기 저서들을 통해서 자신과 같은 실수를 되풀이하지 말라고 누누이 일러 주고 있습니다. 그녀의 말에 따르면, 기도 생활을 그만 둘만한 이유는 이 세상에 단 하나도 없습니다.

영성 지도자는 결국 그녀가 다시금 기도를 시작하게끔 만들었습니다. 하지만 테레사는 자기 회의로, 그리고 기도 중 체험한 것들에 관하여 계속 괴로워하고 있었습니다. 그녀는 혼란에 빠졌을 뿐만 아니라; 하나님이 자기에게 말씀하시는 것도 들었습니다. 그리고 오래지 않아 그녀는 그리스도의 내적 비전을 보기 시작하였습니다. 그런 극적인 체험들은 그 시절의 영성으로는, 특히 여성들의 경우에는, 매우 큰 의심을 받았습니다. 그런 체험들은 그녀가 기도하는 중에는 그녀에게 확실해 보였습니다. 하지만 나중에 다른 사람들과 함께 그 체험들에 관하여 생각해 보면, 그것이 어쩌면 악마의 짓일 수도 있다는 생각에 두려워졌습니다.

그녀의 초기 영성 지도자들은 그녀의 두려움을 더더욱 키워 주었습니다. 그들은 음성과 비전이 악마에게서 비롯된 것이라고 확신하였으며, 테레사는 여러 상담가들에게로 떠밀려 다녔습니다. 그 가운데 한 상담가는 그녀에게 침묵의 기도와 고독을 삼가라고 말했습니다. 그 말에 순종하여 그녀는 절대로 혼자 있지 않으려고 노력했습니다. 하지만 그녀의 기도는 도저히 억누를 수가 없었습니다. 심지어는 다른 사람들과 함께 있을 때조차도 "주님께서 대화 중에도 나를 명상에 잠기도록 만드셨습니다……그분이 기뻐하시는 일이 뭔지를 알려 주셨고……나는 들을 수밖에 없었지요." 또 어떤 지도자는 그녀에게 "상스럽고 경멸적인 손짓"을 하라고 시키기까지 하였습니다. 그것은 "두 손가락 사이에 엄지손가락을 끼워 넣는 식의 아주 경멸적인 손짓"입니다. 테레사는 이 지시에도 순종하였습니다. 비록 "따라 하기에는 너무나도 끔찍하고, 그런 행동 때문에 크나큰 고통을 느끼기는 했지만 말이죠."[4]

해방

이러한 두려움과 자기 회의는 20여 년 동안이나 테레사를 괴롭혔습니다. 47세가 될 때까지도 그 재앙은 그치지 않았습니다. 자신의 책 〈인생〉에서 그녀는 그 투쟁이 어떤 식으로 끝났는가를 설명해 줍니다. 결국 그녀는 항복하고 말았습니다—그녀 자신의 판단이나 다른 영성 지도자들의 판단이 아니라, 바로 하나님 한 분에게만 복종한 것입니다. 그녀는 기도를 자제하려던 노력을 그만 두고, 대신에 하나님의 손에 그저 맡겨두기로 했습니다. 그 후로 그녀는 하나님 안에서, 그리고 하나님과 함께, 자기 자신의 내적 확실성에 반대하는 사람들의 견해를 테스트해 보았습니다.

그녀는 자신이 항복하고 자기 자신의 가장 심오한 인식을 신뢰할 수 있게 된 것은 바로 하나님의 순전한 은혜였다고 거듭 확신합니다. 그녀는 세 가지의 특별한 체험에 대해서 묘사하는데, 그것은 하나님의 순전한 은혜를 특별히 심오하게 전달해 주는 매체였습니다. 처음 두 가지 체험은 그녀가 기도하는 도중에 하나님께로부터 들은 말씀들로 구성되어 있습니다; 그리고 세 번째 체험은 결국 그녀를 이해하게 되었던 단 한 사람의 인정으로 다가왔습니다.

하나님의 말씀은 그녀가 특별히 수심에 잠겨 있을 때, 자포자기 심정이 되었을 때에 다가왔습니다. 한번은, 어떤 독실한 신자가 떠나간 다음, 테레사는 "마치 나의 영혼이 사막에 있는 것처럼……다시금 사악한 기운이 커져 가는 느낌을 받았습니다." 그녀는 하나님께서 이렇게 말씀하시는 것을 들었습니다: "난 이제 더 이상 네가 사람들과 이야기하지 말고 천사들과만 이야기 나누길 바란다." 그녀는 이 말씀을, 하나님과 깊은 사랑에 빠진 것처럼 보이는 사람들에게만 상담을 받아야 한다는 뜻으로 받아들였습니다. 또 한번은, 그녀가 "모든 사람들이 다 나의 적인 것 같다"는 느낌을 받았을 때, 하나님의 말씀을 들었습니다. "두려워하지 말아라, 딸아. 내가 여기에 있고, 절대로 너를 포기하지 않을 것이다." 그녀는 이 체험이 그녀를 "새 사람"이 된 것처럼 느끼게 해주었으며, 그녀에게 용기와 불굴의 정신을 안겨 주었다고 기록합니다. 그녀는 이 말씀이 하나님께로부터 온 것임을 결코 의심하지 않았습니다. "나는 이것이 하나님의 역사였다는 것을 이 세상 전부를 걸고 싸울 수도 있습니다."[5]

테레사가 인간의 인정을 받은 것은, 1560년 톨레도에서 만난 어느 프란체스코 수도회의 수사에게서였습니다. 알칸타라의 페테르는 신실한 기도와 헌신의 인물로서, 그의 수도생활은 널리 존경을 받고 있었습니다. 테레사는 자신의 영혼을 페테르에게 털어놓았고, "거의 처음 순간부터 그가 스스로의 경험을 통하여 자신을 이해하고 있다는 사실을 알 수 있었다." 그 느낌은 상호적인 것이었습니다. 페테르는 테레사의 내적 경험을 무척 신뢰하였으며, 자기 자신의 관심사를 그녀와 함께 나누기도 하고, 그녀에게 자신을 위하여 기도해 달라고 부탁하기도 했습니다. 금상첨화로, 페테르는 테레사의 영성 지도자들에게 가서 그녀의 체험을 인정하도록 확신시켜 주기까지 했습니다. 그 후에야 비로소 그들이 "그토록 나를 무서워하던 것을 그만 두었다"고 그녀는 말합니다.[6]

그 일로 테레사는 힘을 얻었습니다. 하나님 한 분에게만 드리는 그녀의 기도를 신뢰하고, 그녀를 진실로 이해해 주는 신실한 인간 친구를 발견함으로써, 그녀는 정말로 변화된 인간이 되었습니다. 그녀는 자유로운 몸이 되었습니다. 이제 그녀는 지금까지 그토록 두려워했던 악마들을 꾸짖을 수 있게 되었습니다. 그녀는 자신의 생애에서 마지막 20년에 걸친 위대한 작업에 착수하면서, 다음과 같이 선포하였습니다:

나는 지옥의 온갖 악마들을 전혀 마음에 두지 않는다. 그 악마들이야말로 나를 두려워할 것이기 때문이다! "오, 악마다! 악마다!" 우리는 이렇게 말한다. "하나님! 하나님!" 하고 말해서 얼마든지 악마를 떨게 할 수 있는데도 말이다. 정말이지 나는 악마 자체를 두려워하기보다는 악마를 두려워하는 사람들을 더 두려워한다. 악마는 나에게 전혀 해를 끼칠 수 없지만, 그들은—특히 그들이 신자들이라면—사람을 완전히 망쳐 버릴 수 있기 때문이다.[7]

테레사는 자신의 글 속에 여러 가지 방식으로, 자신이 힘을 얻었던 체험에 대하여 언급하였습니다. 그 중에서도 특히 시 한 편은 그녀의 체험을 아름답게 이야기해 주고 있습니다:

Nada te turbe;

nada te espante;

todo se pasa;

Dios no se muda,

la paciencia

todo lo alcanza.

Quien a Dios tiene,

nada le falta.

Solo Dios basta.

그 무엇도 당신을 방해하지 못하도록,

그 무엇도 당신을 두렵게 못하도록,

모든 것이 다 지나가지만,

하나님은 변함이 없으시고,

인내 하나만으로 충분합니다.

하나님을 모신 당신에겐

부족함이 없습니다.

하나님 한 분만으로 충분합니다.[8]

지금까지 살펴 본 테레사의 체험을 통하여 우리는 영혼의 어두운 밤이 지니는 근본적인 특징들 가운데 몇 가지를 파악할 수가 있었습니다. 나는 앞으로 이 특징들을 좀 더 자세히 설명하려 합니다. 하지만 지금 여기에서는, 기나긴 투쟁기간 동안 테레사가 과연 무슨 일이 벌어지고 있는가를 몰라 당황했었다는 사실을 주목해야만 합니다. 그녀는 자기 기도의 내적 의식을 신뢰하지 못하고, 그것이 하나님께로부터 나온 것일 수 있듯이 악마로부터 나온 것일 수도 있다고 믿었습니다. 다시 말해서 모든 것이 '어두컴컴했던'*obscure* 것입니다. 이 단어는 '어두운' 으로 번역되는 스페인어 오스쿠라*oscura* 또는 '어두운 밤' 으로 번역되는 스페인어 노혜 오스쿠라*noche oscura* 에 그 어원을 두고 있습니다. 실제로 밤이 어두컴컴하듯이, 테레사는 좀처럼 분명하게 볼 수가 없었습니다. 동시에 그녀는 다른 사람들의 의견에 지나치게 많이 집착하였습니다―친구들과 상담가들의 의견에 도대체 누구 말을 믿어야 할지 전혀 모른다는 것, 이것이 그녀를 더더욱 혼동에 빠뜨렸습니다. 겨우 이러한 집착에서 벗어나게 되었을 때―자기 자신의 업적이 아니라―비로소 그녀는 자기 기도의 내적 진정성을 신뢰할 수 있게 되었습니다. 결국 그녀는 하나님 한 분만을 궁극적으로 신뢰하게 된 것입니다.

그러한 모호성과 집착 다음에 찾아온 하나님의 명료함, 사랑의 해방, 그리고 신뢰의 심오함은 영혼의 어두운 밤이 지니는 특징적인 구성 요소입니다.[9] 종종 이러한 해방은 이 세상에서의 창의적 활동이라고 하는 놀라운 해방으로 맺어질 때가 있습니다. 테레사의 경우에는 확실히 그러했지요. 일단 불확실성과 자기 의심 때문에 마비 상태가 되자, 그녀는 카르멜회 수사들의 직제—진실로 청산되어야 할 직제—를 개혁하려는 개혁 선동자로서 자리 매김을 하기 시작했습니다.

개혁

알칸타라의 페테르는 사망하기 2년 전에 이미 테레사로 하여금 그녀의 나머지 인생을 독차지하게 될 그 일, 카르멜회의 개혁을 시작하라고 격려했었습니다. 좀 더 단순하고 좀 더 금욕적인 생활양식으로 복귀해야 한다고 주장하던 페테르는 프란체스코 수도회의 직제 안에서 자기 나름의 개혁을 이미 시작했었던 사람입니다. 그와 같은 개혁은 유럽의 다른 수많은 종교 직제들 가운데서도 이미 벌어지고 있었습니다. 다른 종교들과 마찬가지로, 페테르가 따르던 프란체스코 수도회 역시 '맨발'(신발을 신지 않은) 공동체라고 불려졌습니다—좀 더 금욕적인 생활에 대한 욕망을 반영한 것이었지요.

테레사는 이 맨발 운동을 카르멜 수녀회의 생활에도 적용시킬 수 있으리라 생각하게 되었습니다. 카르멜 산의 성모 마리아 수도회는 12세기 후반에 팔레스타인 사막에서, 카르멜 산 비탈의 동굴이나 오두막에서 단순하고 고독한 삶을 살던 작은 무리의 수행자들로부터 시작된 것입니다. 그렇지만 테레사 시대에 이르러서는 카르멜 수녀회의 규칙은 완전히 변해 갔습니다. 우리의 현대적인 기준에 비추어 보면 여전히 금욕적인 게 틀림없지만, 카르멜 수녀회의 규칙은 이제 더 이상 고독이나 내면적 기도를 거의 강조하지 않게 되었습니다. 수녀원이나 수도원도 그 인원이 거의 수백 명에 달하는 곳이 많았습니다. 테레사가 몸담고 있던 아빌라의 성육신 수녀원도 이백 명 남짓의 수녀들이 모여 생활하고 있었습니다; 그 중에서 좀 더 부유한 수녀들의 방에는 또 다른 방들이 붙어 있었는데, 그곳은 친척이나 심지어는 하인들이 묵는 방이었습니다. 비록 기도가 그치지 않고 계속되긴 했으나, 그것은 거의 언제나 그저 암송될 뿐이었습니다. 묵상기도 훈련 같은 건 거의 없거나 또는 아예 없었고, 고독의 기회는 그야말로 드물었습니다.[10]

옛 사막생활의 단순성을 생각하던 테레사와 그녀의 몇몇 친구들은 딱 열두 명 정도의 수녀들로 구성된, 그리고 원래의 카르멜 수녀회 규칙 선상에 좀 더 가까이 조직된 새로운 수녀원 형성에 관하여 생각하기 시작했습니다. 그러던 어느 날 기도하던 중에 테레사는 일에 착수하라는 하나님의 목소리를 들었습니다. 성 요셉이라는 이름의 새 집을 조그맣게 지을 생각이었습니다. 그의 중재를 테레사는 확신했으며, 그는 그녀를 치료해 주었습니다. 테레사는 알칸타라의 페테르에게 편지로 이 생각을 알렸고, 급기야는 이 문제를 논의하기 위하여 그를 만나러 갔습니다. 그는 계속해서 그녀를 격려해 주었으며, 그녀에게 좀 더 실질적인 충고를 많이 해주었습니다. 하지만 그녀의 생각이 사람들에게 알려지자마자, 그녀는 광범위한 반대의견에 부딪치게 되었습니다. 테레사는 이것을 "뒷담화와 조소와 미친 사람이라는 손가락질"로 구성된 "엄청난 박해"라고 불렀습니다.[11]

그러나 테레사가 새롭게 발견한 하나님 안에서의 자신감이 효력을 나타내어, 1562년에 그녀는 자신의 개혁을 위하여 최초의 집(아빌라의 성 요셉 수도원)을 설립하게 되었습니다. 그러나 그로부터 채 두 달도 되지 않아 페테르는 그만 죽고 말았습니다. 테레사는 자신이 설립을 다

마칠 때까지 옆에서 도와주라고 하나님께서 그를 오랫동안 지켜 주시고 살려 주신 것이라고 말했습니다. 그가 죽은 다음에도 그녀는 여러 차례 그의 환상을 보았고, 그 환상을 통해서 그는 지속적으로 그녀에게 충고와 격려를 아끼지 않았습니다.[12]

테레사는 작은 새 수녀원의 원장이 되어 그곳에서 5년("내 삶에서 가장 한가로웠던 시기")을 생활하였습니다. 자신의 저서 〈인생〉을 끝마친 다음에도, 그녀는 이 시기에 중요한 저서를 두 권이나 더 썼습니다; 〈완전의 길〉 *The Way of Perfection,* 그리고 〈아가서 명상록〉 *Meditations on the Song of Songs.* 1567년 초에 카르멜회 수도원 부원장인 후안 루베오가 성 요셉을 방문하여 테레사에게 자기 꿈을 털어놓았습니다. 여자들뿐만 아니라 남자들의 종교시설도 좀 더 개혁을 하고 싶다고 말입니다. 그는 그녀를 메디나 델 캄포로 파송하여, 그곳에 두 번째 집을 설립하라고, 그리고 궁극적으로는 15개의 수도원을 더 설립하라고 하였습니다.[13]

테레사는 처음부터 잘 알고 있었습니다. 수녀들을 위한 집이 성공하면 남자들을 위한 수도원 역시 세워질 것이라는 사실을 말입니다. 루베오는 남자들을 위한 집도 두 채 더 지을 것을 수락하였고, 테레사는 이 일을 도와줄 "수사를 최소한 한 명쯤은" 보내달라고 열렬히 기도하기 시작했습니다.[14]

테레사와 요한이 만나다

테레사의 기도는 곧바로 이루어졌습니다. 그녀는 메디나 델 캄포에 도착하자마자 첫 번째 수사를 발견하였습니다. 그 지역의 수도원 부원장인 프라이 안토니오는 좀 더 단순한 생활에 대한 욕망을 그녀에게 확실히 밝혔습니다. 이를 위하여 그는 마침 매우 금욕적인 카르투시안 수도회에 합류할 계획을 세우고 있었던 것입니다. 그는 그 계획을 이행하는 대신 테레사의 개혁을 돕겠노라고 하였습니다. 몇 주 뒤에 테레사는 두 번째 수사를 만났습니다. 그 역시 카르투시안에 동참할 생각을 하고 있던 참이었는데, 그가 바로 요한이었지요.[15]

때는 1567년 가을, 테레사는 52세였습니다. 요한은 25살의 갓 안수를 받은 수도사였고요. 이제껏 3년 동안 요한은 살라만카의 명문대에서 연구와 교육에 몰두해 온 사람이었습니다. 그는 첫 번째 예배를 올리기 위하여 메디나 델 캄포로 돌아와 있었고, 거기에서 자신의 예배에 참석한 테레사와 만남을 갖게 되었던 것입니다.

요한에 관한 몇 가지 사항들이 곧바로 테레사에게 강한 인상을 심어주었습니다. 우선은 그의 신장이었습니다―그는 5피트도 채 안 되는 작은 키의 소유자였지요. 나중에 테레사는 요한의 키에 대하여 종종 쾌활한 농담을 던지곤 했습니다. 그를 '내 작은 세네카' *mi Senequita* 또는 '작은 성자' *santico*라고 부르곤 했습니다. 그가 자신의 개혁에 동참하리라는 확신이 선 다음부터 그녀는 한 친구에게 편지를 보낼 때마다, 자기에게는 이제 '작은 거인 수사가 한 명' 생겼다고 거듭 말하였습니다.[16] 요한의 명석한 두뇌와 진실한 기도 역시 테레사에게 강한 인상을 남겼습니다. 그녀는 이 첫 만남에 관하여 다음과 같이 기록하였습니다: "난 그를 무척이나 좋아했다……비록 그의 키가 작긴 하지만, 난 그가 하나님 보시기에 위대한 사람이라고 믿는다."[17]

테레사는 곧 요한이 좀 더 관상적인 생활을 하기 위하여 카르멜 수도

회를 떠나서는 안 된다는 강한 확신을 지니게 되었습니다. 그 대신 그는 테레사의 동역자가 되어 남자들을 위한 맨발의 수도원을 설립해야 할 인물이었습니다. 우리가 그 당시의 테레사에 관하여 알고 있는 것들에 비추어 볼 때, 그녀에게 거절의 의사를 표시한다는 것은 무척이나 어려운 일이었을 것입니다. 하지만 요한은 조금도 망설이지 않았습니다. 그는 자신의 연구를 끝마치기 위하여 아주 오랫동안 살만티카로 돌아가 있었습니다. 그리고 다음 해 여름, 그는 테레사의 도제가 되었습니다. 그 후 일 년도 채 안 되어 남자를 위한 최초의 개혁 수도원이 두루엘로에 세워졌습니다.

요한과 테레사는 함께 일하는 동안 풍요로운 상호보완성을 발전시켰습니다. 그들은 저마다 상대방에게서 자신이 놓치고 있는 부분들을 발견하였습니다. 테레사는 그 시절의 여성 치고는 교육을 많이 받은 사람이었지만 남성에게나 가능했던 공식적 신학 훈련이나 지적 훈련이 부족하다는 사실을 뼈저리게 실감하고 있었습니다. 따라서 그녀는 '교육을 받은' 남성들을 높이 평가했으며, 요한의 번뜩이는 지성에 깊이 감명을 받았던 것입니다. 그녀는 요한의 정신 속에서 자신이 저술 작업을 하는 동안 서투르게 다루면서 투쟁해 왔던 개념들을 설명해 줄 수 있는 능력을 발견하였습니다.

요한의 경우, 그는 지식이 상당히 과대평가되고 있다고 믿게 되었습니다. 오늘의 관용적인 표현을 빌리자면, 그는 거기 있음으로써 그것을 이루게 되었습니다. 그는 이해와 이성이 영성적 실재의 일반적인 경향과 사뭇 다르다는 확신을 가졌습니다. 그가 가장 값지게 여기는 것은 직접적인 영성적 체험이었습니다. 그리고 테레사는 그러한 영성적 체험을 풍성하게 소유한 사람이었습니다. 그녀는 곧바로 그의 영성적 어머니가 되었으며, 영성 생활에 대한 그녀의 이미지와 비전으로 그를 양육하게 되었습니다. 처음에 그녀는 지식에 대한 요한의 과소평가 때문에 무척 좌절하였지만, 계속해서 그가 지식을 사용할 수 있도록 격려하였습니다. 그러다가 그녀의 체험에 대한 그의 관심이야말로 그녀에게 재확신의 원천이 되었습니다.

테레사와 요한의 관계는 서로를 풍요롭게 만들어 주는 관계였지만, 그들은 여전히 스스로의 정체성을 지닌 채 그대로 머물렀습니다. 요한은 심각한 지적 금욕주의자가 되지 않을 수 없었고, 엄청난 양의 개념적 자극도 테레사의 억누를 길 없는 현실주의, 실용주의, 유머 감각을 변화시킬 수 없었습니다. 1576년 후반에 요한이 쓴 논문에 대하여 테레사는 다음과 같이 우스꽝스러운 답장을 보냈습니다: "무슨 일이 있어도 모든 것이 다 완벽한 명상으로 변하길 바라는 아주 영성적인 사람들로부터 하나님이 나를 구원하십니다!"[18]

무엇보다도 먼저, 테레사와 요한은 하나님을 향한 가차 없는, 타는 듯한 열정과 결코 마르지 않는 영성적 욕망의 샘을 공유하고 있었습니다. 10년이 채 안 되어, 요한은 이 열정이 자신을 '열정'이라는 단어의 좀 더 심오한 의미, 곧 고통으로 이끌고 있다는 사실을 깨닫게 되었습니다.

요한의 어두운 밤

16세기의 스페인에는 오늘 우리가 이해하고 있는 것 같은 작은 교회와 국가들이 분리된 채로 존재하였습니다. 정치적이고 종교적인 권위자의 관할 구역은 서로 합쳐지고, 혼동되고, 종종 폭력을 통하여 결정되었습니다. 이런 분위기 속에서 종교 단체들은 대부분의 사법 문제들을 그들 나름대로 처리하였습니다. 그들은 나름대로의 법과 형벌 시스템을 갖추고 있었으며, 수도사들이 직접 군대와 감옥을 관리하는 것은 그다지 드문 일이 아니었습니다. 요한에게도 이것은 전혀 새로울 게 없는 일이었지만, 그는 자신이 무법자가 되기를 결코 바라지 않았습니다.

1572년, 요한은 테레사가 최초로 세운 아빌라의 성육신 수녀원에 가서 수녀들의 고해 신부가 되었습니다. 그는 그곳에서 영성 지도의 체험을 많이 얻게 되었으며, 여러 권의 저서를 저술하였습니다. 불행히도 그 저서들은 현재 분실되고 없습니다. 3년 후, 이탈리아 카르멜 수도회의 개혁을 반대하기 위하여 초안된 어느 칙령은, 그가 그곳에 계속 머무르는 것이 불법이라는 주장을 피력하였습니다. 그러나 교황 사절(필립2세 황제의 법정에 파견된 교황의 정식 대표)은 요한에게 계속해서 성육신 수녀원에 머무르라는 명령을 내렸습니다. 요한은 자신이 온당한 권위를 지니고 있다고 여겨지는 쪽에 순종했고, 그렇게 함으로써 카르멜 수도회의 범죄자가 되었습니다.

그 시기는 바야흐로 "순종의 수사들"("신발을 신은" 반개혁 수사들)이 개혁을 강력하게 저지하고 나선 시기였습니다. 그들은 1576년 초에 요한을 잠깐 체포하였다가, 교황 사절이 개입하자 다시 풀어 주었습니다. 하지만 1577년 여름, 교황 사절이 죽자 개혁에 대한 공격은 한층 더 거세어졌습니다. 테레사의 가장 절친한 남성 친구 제로니모 그라시안 *Jeronimo Gracian* 은, 테레사가 필립 왕에게 그를 대신해서 편지했다는 비방을 듣게 되었습니다. 55명의 수녀들은 테레사를 성육신 수녀원의 수녀원장으로 선출했다는 이유 하나만으로 제명을 당하게 되었습니다. 그러던 차에 1577년 12월 2일 밤, 남자들이 성육신 수녀원에 위치한 요한의 집으로 쳐들어와 그와 또 한 명의 수사를 유괴해서 눈가리개를 하고 포박한 채로 톨레도의 수도원으로 데려가 감금하는 사건이 발생하고 말았습니다.[19]

그곳에서 요한은 수도 없이 매 맞고, 테레사의 개혁에 동참한 사실을 부인하라는 압력에 굴복하지 않고 계속 버티다가, 수도원 감옥에 감금되고 말았습니다. 그가 어려운 입장에 처해 있다는 사실을 알게 된 즉시 테레사는 필립 왕에게 한 통의 편지를 보내어, 이 사건에 개입해서 요한의 생명을 몹시 걱정하고 있음을 표명해 달라고 요청하였습니다.[20]

톨레도의 수사들은 요한을 지나치게 학대하고 혹사시켰습니다. 빵과 물만 먹였으며, 가끔씩 정어리를 주는 게 고작이었습니다. 그는 목욕을 하거나 옷을 갈아입을 수도 없었습니다. 그는 수사들이 '원형 징계' circular discipline 라는 이름으로 둥근 틀에 매달아 빙빙 돌리면서 매질을 가하는 벌도 규칙적으로 견뎌내야만 했습니다. 두 달 뒤, 그들은 요한을 어느 작은 방에 홀로 감금해 두었습니다. 그곳은 벽의 갈라진 틈으로 겨우 빛과 공기가 들어오는 방이었습니다.

그곳 감옥의 어두움 속에서 요한은 위대한 시들을 쓰기 시작하였습니다. 처음에는 그 시들을 마음속으로 창작하여 외웠습니다. 그러다가 나중에는, 좀 더 동정심이 많은 새 간수가 필기도구도 넣어 주고, 심지어는 바깥에 나와서 짧은 시간이나마 몸을 펴 태양을 볼 수 있도록 해주었습니다. 이리하여 그는 다른 많은 구절들 가운데서도 그의 첫 대작인 〈

영성적인 성가〉 *The Spiritual Canticle* 를 완성할 수 있었습니다.

그러던 어느 날 밤, 칠흑 같은 어둠을 틈타 요한은 9개월 동안의 수감 생활을 끝내고 탈출을 감행하였습니다. 그가 어떻게 탈출에 성공했는가에 관해서는 여러 가지 이야기들이 있습니다. 어떤 이들은 기적이었다고 하고, 또 어떤 이들은 친구가 도와주었다고도 합니다. 하지만 가장 신빙성 있는 이야기는 그가 혼자서 탈출을 꾀했다는 것입니다. 그가 직접 창문의 나사못을 간신히 풀어내고 시트로 밧줄을 만들어서 탈출했다는 것이지요.[21]

그는 근처를 비틀거리면서 맨발 수도원으로 걸어갔습니다. 그곳 수녀들은 그를 비밀리에 병원으로 데려갔고, 그곳에서 그는 심각한 영양실조를 치료받게 되었습니다. 회복 후 그는 맨발의 카르멜 수도회가 좀 더 독립적으로 존재하는 남부지방으로 내려갔습니다. 그곳에서 그는 개혁 업무를 계속 추진하였고, 좀 더 많은 수도원과 대학들을 설립하였습니다. 그는 지속적으로 영성 지도를 하였으며, 저술 작업도 계속하였습니다.

테레사와 요한의 저술

테레사와 요한은 서구사회에서 위대한 신비주의 작가들로 잘 알려져 있습니다. 또한 그들은 둘 다 종교적 이해에 모범적인 공헌을 하였기에 교회의 의사로 일컬어져 왔습니다. 하지만 그들이 둘 다 시를 지었다는 것, 요한이 스페인 시의 창시자라는 사실은 거의 알려져 있지 않습니다. 어떤 이들은 요한을 가리켜 스페인의 위대한 시인이라고 부를 정도인데도 말이죠.

테레사와 요한에게 많은 영감을 불어넣어 주었던 성경의 아가서와 마찬가지로, 요한의 시 역시 낭만적이고 에로틱하며 감각적인 상상들로 가득 차 있습니다. 그의 3대 시―〈영성적인 성가〉, 〈어두운 밤〉, 〈생생한 사랑의 불꽃〉―는 모두 노골적인 종교 언어가 전혀 들어 있지 않은 시들입니다. 이 시의 사본들은 맨발의 카르멜 수도회 내부에 널리 보급되었으므로, 그가 그 시구들의 의미를 설명해 달라는 부탁을 받았다는 것도 그리 놀라운 일은 아닙니다. 그러한 요청에 대한 응답으로 요한은 현존하는 대규모의 저술들을 한 데 모아 주석서를 펴내었습니다.

불행히도 여러 세대 동안 사람들은 이 주석서만을 시 자체에서 따로 떼어내어 발표해 왔습니다. 그 결과 요한은 지적이고 추상적인, 금욕적이고 지나치게 심미적인 시인으로 오해를 받게 되었습니다. 내용상으로 볼 때, 그의 작품에서 그런 식으로 평가할 수 있는 부분은 극히 드뭅니다. 그의 시는 그러한 오해가 결코 사실이 아님을 여실히 입증해 줍니다. 그의 시는 열정으로 가득 찬, 탄식과 기쁨이 넘치는, 창조세계의 아름다움에 감동하여 가슴 설레는 인간 실존의 숭고함을 찬양하는 시입니다. 요한 스스로도 거듭 말하기를, 자신의 시는 자신의 존재를 가장 직접적으로 표현할 수 있었던 수단입니다. 기껏해야 자신의 주석서는 그 시의 영감을 불러일으켜 준 실제 경험들에 대해서 '모호한 빛'만 비추어줄 뿐입니다.[22]

물론 누구든지 영성 생활 속에서 심오한 사랑의 움직임을 적절히 표현하기란 불가능한 일입니다. 만일 사람이 자신의 삶을 살면서 느끼는 사랑 외에는 언어나 예술, 또는 다른 어떤 방법으로도 불가능합니다. 하지만 그럼에도 불구하고, 나는 테레사와 요한의 시도처럼 훌륭한 시도는 여태껏 한 번도 보지 못했다는 말을 하지 않을 수 없습니다. 오늘 4백 년도 훌쩍 넘어버린 그들의 언어를 읽고 있노라면, 나는 마치 그들이 내가 느끼고 있는 것들을 말하고 있을 뿐만 아니라, 그것을 '설명하고,' 상황을 해석하고, 나아가 끊임없이 재확인해 주고 격려해 주는 의미까지 부여해 준다는 생각을 떨쳐버릴 수가 없습니다. 물론 모든 사람이 나와 같은 방식으로 느끼지는 않겠지요. 테레사와 요한은 자신들의 독특한 인격에 따라, 독특한 영성적 스타일을 공유하고 있었습니다. 그들은 다른 사람들이 다른 길로 부름 받을 수 있다는 사실을 재빠르게 확신하였습니다. 테레사는 이렇게 말합니다: "하나님께서는 모든 이들을 똑같은 길로 인도하시지 않습니다." [23]

그럼에도 불구하고, 테레사와 요한의 유산에는 지혜가 숨어 있습니다. (문화와 시대의 차이를 극복하고 나아가 영성적인 방침까지 한 데 연결해 주는) 테레사의 심리학적 통찰은 프로이트와 20세기 프로이트 학파 추종자들의 통찰력과도 얼마든지 비교할 수 있습니다. 애정에 관한 요한의 서술 역시 현대의 애정론을 천재적으로 향상시켜 줍니다. 그들의 상상은 보편적인 능력을 지닌 것이어서, 오늘의 영성 추구자들에게도 얼마든지 심금을 울리는 것입니다. 현대적인 관점에서 볼 때, 우리는 테레사의 저술 작업이 진행되는 과정을 통하여 그녀가 여성으로 성장해 나가는 모습을 쉽사리 찾아볼 수 있습니다. 곧 그녀가 (내면의 성)*The Interior Castle*에서 묘사한 내적 아름다움에 대하여 초기 작품에서는 겸손하게 서술했다는 점 등을 통해서 말입니다. 그리고 비록 그들이 살던 시대에 편만했던 스콜라 철학적 신학은 이제 완전히 구식처럼 여겨질지 몰라도, 여전히 현대의 독자들에게 신선한 충격을 안겨줄 수 있는 부분도 많다는 점을 간과해서는 안 됩니다.

어떤 면에서 테레사와 요한은 '뉴에이지' *New Age* 경향이 짙다는 비난을 받을 수도 있습니다. 예를 들면, 테레사는 지옥과 악마에 관하여 아무 거리낌 없이 이야기하지만, 그녀의 관심은 그 당시 사람들이 모두 두려워했던 영원한 지옥이 아니라 이 세상에 존재하는 지옥이었습니다. 그리고 비록 요한이 '자연주의'나 '초자연주의' 같은 고전적인 용어들을 사용하는 것이 이원론적인 것으로 들릴 수도 있겠지만, 다른 면에서는 오늘의 기준에 비추어 보더라도 급진적이라 할 수 있을 만큼 굉장히 전체론적인 주장을 펼치기도 합니다: "영혼의 중심은 하나님 '이시다'" *El centro del alma es Dios* 24)

테레사와 요한이 우리에게 들려 준 심오한 영성적 지혜를 탐험하려는 출발점에서 우리가 이제 관심을 모아야 할 곳이 바로 여기, 저마다의 영혼 저 거룩한 중심입니다.

제 2 장

우리는 사랑입니다
테레사와 요한의 신학

여기가 바로 그곳이라고 슈그는 말합니다. 나는 그것을 믿습니다. 하나님께서는 당신 안에 계시며, 다른 모든 사람들 안에도 계십니다. 당신은 하나님과 더불어 세상에 태어났습니다. 그러나 오직 그것을 추구하는 사람만이 내면에서 그것을 발견합니다. 어떤 땐 비록 당신이 찾지 않더라도 저절로 밝혀질 때가 있고, 또 어떤 땐 당신이 아무리 찾아 헤매도 모를 때가 있습니다. 내 생각엔 대부분의 사람들이 그런 문제를 안고 있는 것 같군요. 주여, 슬픕니다.

— 엘리스 위커[1]

요한과 테레사는 하나님과 관계를 맺고 있는 인간의 본성에 대하여 강한 확신을 공유하고 있었습니다. 이러한 확신은 그들의 온갖 이미지와 저술에 영향을 미쳤으므로, 그들을 이해하는 데에는 이것이 아주 중요한 요소입니다. 요한은 지적으로 아주 우수한 사람이었기에, 이 장에서 나는 그의 저술에 폭넓게 의지할 생각입니다. 그렇지만 이 신학은 전반적으로 요한과 테레사 둘 다에게 속해 있습니다. 요한의 이미지, 상징, 지혜는 대부분 테레사의 작품에서도 발견되는 것들입니다. 대체로 요한은 테레사가 가르쳐 준 것들을 채택한 것으로 보이며, 그것들을 정교한 신학적 언어로 승화시킨 것처럼 보입니다.

인간, 영혼, 그리고 하나님

테레사와 요한이 영혼에 관하여 이야기할 때에는 인간이 '지닌' 어떤 것에 관하여 말하는 게 아니라 인간의 가장 깊은 곳에 '있는' 것, 곧 인간의 본질적인 영성적 본성에 관하여 이야기하고 있습니다. 그들이 별 생각 없이 불쑥불쑥 '인간' *person*이라는 단어를 사용하는 것처럼 보이겠지만, 사실 그들이 영성적인 문제를 다룰 때에는 거의 언제나 '인간' 대신 '영혼' *soul*이라는 용어를 사용합니다. 그들의 경우, 영혼은 인간의 분리된 한 부분이나 측면이 아니라, 영성적인 눈으로 한 사람을 바라볼 때 우리 눈에 보이는 전부를 가리키는 말입니다.[2]

이와 비슷하게, 테레사와 요한은 하나님을 찾고 하나님과의 연합을 향하여 성장해 나가는 것에 관해 둘 다 편의상으로만 이야기하고 있을 뿐입니다. 그들은 이것이 정말로 성취될 수 있는 일이라고는 결코 믿지 않습니다. 하나님과의 연합은 이미 존재한다는 단순한 이유 때문이지요. 사람은 누구나 항상 하나님과의 연합 가운데서 살아 왔으며, 앞으로도 항상 그렇게 살 것입니다. 이러한 연합은 너무나도 심오하고 완벽해서, 하나님을 추구한다는 것은 곧 자기 지식을 포함하며, 자기 지식은 곧 하나님에 대한 추구를 포함해야 할 정도입니다. 테레사는 기도 중에 "내 안에서 너를 찾아라, 그리고 네 안에서 나를 찾아라." 하는 하나님의 말씀을 들었습니다.[3]

1200년 전에 성 어거스틴이 그랬던 것처럼, 테레사와 요한은 하나님께서 우리 자신보다도 더 우리 가까이 계신다고 주장합니다. 우리는 하나님과의 연합 가운데서 태어나며, 우리의 전 생애를 통하여 하나님 안에서 "살고, 움직이고, 존재합니다"(사도행전 17:28). '본성' _natura; birth_ 의 어원에 비추어 볼 때, 신적 존재와의 이러한 연합은 우리 인간의 본성 '입니다.' 따라서 요한이 우리가 그것 없이는 결코 존재할 수 없다고 말한 것은, 우리의 존재에 아주 본질적인 요소입니다.[4]

더욱이, 이 본질적인 연합은 성자나 마음이 순수한 이에게만, 그리스도인에게만, 더 나아가서는 인간에게만 국한되는 것이 결코 아닙니다. 요한의 말을 그대로 인용하자면, "우리가 말하는 이 연합을 이해하기 위해서는, 하나님이 각 영혼의 본질 속에 현존하신다는 것, 이 세상에서 가장 큰 죄인의 본질 속에도 역시 현존하신다는 사실을 알아야만 합니다. 그리고 하나님과의 이러한 연합은 언제나, 모든 피조물 속에 존재합니다."[5]

의식의 여행

우리들 대부분이 지니고 있는 문제는 우리가 하나님과 얼마나 연합되어 있는가를 '깨닫지' 못한다는 것입니다. 드물게 신비 경험을 하는 순간 말고는, 우리 가운데 대부분이 일반적으로 하나님과 깊은 친밀감을 느끼지 못한 채 살아갑니다. 비록 우리는 하나님이 우리와 함께 하신다는 사실을 헌신적으로 믿고 있지만, 우리의 보편적인 경험에 비추어 보면, 우리는 '여기에' 있고, 하나님은 '그곳에' 계시는 분입니다. 사랑과 은혜를 베풀어 주시기는 하지만, 결정적으로 우리와 동떨어져 계시는 분입니다. "우리는 자신을 이해하지 못합니다. 우리가 누구인지를 모르지요."라고 테레사는 말합니다.[6]

설상가상으로, 우리는 하나님의 임재에 대하여 입에 발린 말들을 많이 하지만, 사실은 완전히 우리가 독립되어 있는 것처럼 생각하고 행동합니다. 그 동안 내가 참석했던 교회 위원회나 목회상담 모임, 또는 영성수련 모임들을 한번 떠올려 봅니다. 그 모임들은 대개 신성한 기도로 시작되곤 하지요: "하나님, 우리와 함께 하시고 ('마치 하나님이 다른 모임에 참석하셨을 수도 있는 것처럼') 우리의 결정과 행동을 인도하옵소서." 하지만 마지막에 그 기도는 "아멘"으로 끝나게 되고, 그때부터는 하나님의 참석에 대하여 문을 꽝 닫아 버리게 됩니다. 방금까지 우리는 기도를 했지만, 이제는 바야흐로 사업을 이야기할 때인 것입니다. 현대 교육자 파커 팔머 *Parker Palmer*는 이런 것을 가리켜 "기능주의적 무신론……모든 것들에 대한 궁극적 책임을 나에게 두는 신앙"이라고 부릅니다.[7]

우리가 이렇게 하나님과 우리의 심오하고 결정적인 연합을 깨닫지 못하는 데에는 여러 가지 이유가 있습니다. 다분히 변명에 속하는 것들이 많기는 하지만 말입니다. 연합이나 심오한 친밀감에 관한 직접적 경험은 이루 형언할 수 없을 만큼 아름다운 것일 수 있습니다. 하지만 이를 위해서는 우리가 별개의 독특한 자기 이미지를 어느 정도 희생해야만 합니다. 그럴 경우, 우리는 상처 입기가 쉬우며 자기 통제력도 약화됩니다. 우리는 더 이상 우리가 자기 운명의 주인이라는 환상을 유지해 갈 수 없게 됩니다. 그 밖의 이유들은 우리의 이원론적인 사고방식에 기인하는 것들입니다. 우리는 '하나님'이나 '신적 존재'라는 호칭을 사용하는 그 순간부터 그 존재를 우리와 분리된 대상으로 만들어 버립니다. 이런저런 이유들이 다 합쳐져서, 우리는 '내 안의 하나님, 하나님 안의 나'라는 모호하고 상처 입기 쉬운 영역보다는, '하나님과 나'라고 하는 좀 더 안전하고 통제 가능한 세계에서 사는 쪽을 선택하게 되는 것이지요. '하나님과 나'라는 사고방식에 매달려서 우리는 "하나님은 스스로 돕는 자를 도우신다."라든가 "모든 것이 하나님께 달려 있는 것처럼 기도하여라, 그러나 일을 할 때에는 모든 것이 너 자신에게 달려 있는 것처럼 일하여라."같이 믿을 수 없는 말들을 실제로 믿게 되는 것입니다.[8]

이와 동시에, 하나님을 우리와 동떨어진 존재로 간주하는 데에는 어느 정도 신빙성이 있습니다. 그러한 관점은 하나님의 결정적인 '저 멀리 계심'과 불가해성을 인정하는 것일 뿐만 아니라, 우리가 하나님과 '관계' 의식을 지닐 수 있도록 해주는 것이기도 합니다. 테레사와 요한이 그것을 사랑하는 이와 사랑 받는 이, 영혼과 하나님 사이의 역동적인 연애 사건처럼 여긴 것도 바로 이런 점을 감안한 것입니다.

테레사와 요한은 인간의 정신으로는 결코 하나님의 진리를 파악할 수 없다고 주장합니다; 하나님의 진리는 언제나 우리가 닿을 수 없는 먼 곳에 있습니다. 우리가 하나님에 관하여 어떤 결론이나 형상을 정한다 할지라도, 그리고 그것이 아무리 지혜로운 것이라 할지라도, 그것은 어디까지나 불완전한 것에 지나지 않을 것입니다. 그러므로 우리가 하나님과 우리의 관계를 어떤 식으로 바라보느냐 하는 것도 이보다 더 명확하게 가부를 결정할 수는 없을 것입니다. '하나님과 나,' *God and I* 내 안의 하나님' *God in me* 이나 '나 같은 하나님' *God as me* 까지도 나름대로 진실성을 지니고 있습니다. 하지만 어느 한 가지만 채택하는 것은 왜곡으로 흐를 수 있습니다. 모두를 한꺼번에 채택하는 것 역시 불완전한 방법이기는 마찬가지입니다.

그러므로 테레사와 요한이 "하나님을 추구함"이나 "하나님과의 연합을 발견함" 같은 표현을 사용할 때, 그들이 가리키는 것은 바로 '하나님과 나'라는 사고방식에 관하여 말하는 것입니다. 피상적으로는 그런 말들이 인간과 하나님 사이의 거리를 실제로 좁혀 나가는 것에 대하여 언급하는 것처럼 들릴 것입니다. 하지만 우리가 사실 본래 상태보다 하나님께 더 가까이 나아갈 수는 없는 노릇이기에, 이 말들은 사실 이미 존재하는 친밀감과 연합에 대한 심오한 '깨달음'을 일컫는 것이라 볼 수 있습니다.

테레사와 요한의 영성 생활은 사실 하나님께 더 가까이 나아가는 것과 아무런 관계도 없습니다. 오히려 그들의 영성 생활은 '의식'을 향한 여행입니다. 하나님과의 연합은 획득하거나 얻는 것이 결코 아닙니다;

그것은 '깨닫는' 것입니다. 그리고 그런 의미에서 하나님과의 연합은 열망하고, 추구하고--하나님의 은혜로--발견할 수 있는 것입니다.

요한에 따르면, 이러한 연합은, 깨닫는 것은 사랑을 얻는 것입니다; 이 일은 사랑 '안에서' 일어납니다. 깨달음이 깊으면 깊을수록 더 큰 사랑 안에서 벌어지는 일이지요. 이런 의미에서 요한은 영혼이 "사랑을 통하여 하나님과 완벽한 연합에 '도달한다'"고 말합니다.[9] 이와 같이 사랑이 깊어지는 것이야말로 영혼의 어두운 밤이 실제로 목표하는 것입니다. 어두운 밤은 우리가 창조하신 모습 그대로 하나님과 이웃을 사랑하는 이들로 되돌아갈 수 있도록 도와줍니다.

요한은 영혼이 땅속에 묻힌 돌처럼 하나님 안에 존재한다고 말합니다. 돌과 땅은 이미 하나입니다. 말하자면, 돌은 이미 땅의 중심부에 있는 것입니다. 그러나 땅에는 수많은 '중심부'가 있으므로, 돌은 좀 더 깊숙이, 땅의 '가장 깊숙한 중심부'에 더 가까이 내려앉을 수가 있습니다. 그러므로 하나님과 인간의 관계는 역동적이며, 언제라도 좀 더 깊숙한 관계로 나아갈 수 있습니다. 아이작 뉴턴이 중력을 설명하기 백년도 전에, 요한은 돌이 땅의 최고 중심부로 끌려가는 것처럼 영혼도 하나님의 가장 깊숙한 중심부로 끌려간다고--그리고 이러한 이끌림은 상호적인 것이라고 말하였습니다. 그렇지만 영혼과 하나님의 중심 사이에서 끄는 힘은 중력이 아닙니다. 그것은 바로 사랑입니다.[10]

중심부의 사랑

내가 아는 한, 성경에서 하나님이 인간을 창조하신 이유에 관하여 설명해 놓은 부분은 한 군데밖에 없습니다. 사도 바울은 아테네에 있는 그리스 사람들에게 설교할 때, 하나님께서 우리를 창조하신 것은 "우리가 하나님을 찾아……발견하게 하시기 위해서" (사도행전 17:27)라고 말합니다. 내가 알고 있는 바로는, 테레사와 요한이 이 구절을 특별히 인용한 적은 한 번도 없지만, 그들의 신학은 이 구절과 깊은 조화를 이루고 있습니다. 확실히 이것은 인간 본성에 대한 그들의 이해를 잘 보여 주는 예입니다. 만일 우리 실존의 목적이 하나님을 찾고 발견하는 것이라면, 우리들 저마다에게는 그 목적을 달성하려는 욕망의 씨앗, 근본적인 동기, 기본적인 갈망 같은 것이 존재할 것입니다. 성 어거스틴과 함께 요한과 테레사 역시 "주님께서는 주님을 위하여 우리를 지으셨으며, 우리 마음은 주님 안에서 안식하는 그날까지 결코 쉴 수가 없습니다."라고 확신합니다.[11]

이 신학에 따르면, 우리는 중심부에서 하나님과 함께 탄생할 뿐만 아니라, 하나님을 향한 열망에 가득 찬 마음을 가지고 태어나는 것입니다. 이러한 열망은 우리의 근본적인 원동력입니다; 그것은 바로 인간의 정신 '입니다.' 그것은 우리가 추구하고 갈망하는 온갖 것들 뒤에 잠재해 있는 에너지입니다. 만일 진실로 우리가 중심부에서 하나님과 친밀한 연합 가운데 존재한다면, 우리 영혼의 욕망은 곧 하나님의 욕망이 되겠지요. 하나님을 향한 영혼의 사랑은 영혼을 향한 하나님의 사랑이 되는 것입니다.

이와 같은 사랑과 욕망은 단순한 감정보다 훨씬 더 심오한 뭔가를 가리킵니다. 그것들은 인간의 가장 심오한 '동기'를 반영해 줍니다. 소크

라테스나 플라톤이라면 이것을 '에로스,' 궁극적인 진리와 아름다움을 향한 근본적인 동기라고 부를 것입니다. 어떤 신학자들은 그것을 인간 정신의 정수라고 봅니다; 우리 삶의 에너지가 이동하는 기본 방향을 결정짓는 '근본적인 불완전성'이라고 말이죠.

사람들은 이러한 근본적인 사랑의 힘을 고유한 결합 방식으로 표출하고 체험합니다. 실제로 많은 사람들이 그에 관하여 강력한 감정을 지니고 있습니다. 마치 요한과 테레사가 '혼례적 신비주의'의 표현 속에서 사랑하는 이와 사랑 받는 이에 관하여 수없이 여러 번 언급하면서 표출하고 있는 것처럼 말입니다. 또 어떤 사람들은 그것을 감정으로 체험하기보다는 진선미(眞善美) 곧 진리를 추구하고 선함에 헌신하고 아름다움에 감사하는 것으로 체험하는 경우가 더 많을 수도 있습니다. 어쩌면 그런 것을 전혀 의식하지 못하는 사람도 있을 것입니다. 고요한 명상의 순간에 그들은 무언가가 자신을 목표 달성 쪽으로 몰고 간다는 것을 어렴풋이 느끼게 되겠지만, 그것을 좀 더 심오하게 설명하고자 하면 어쩔 줄 모르게 되는 것입니다.

테레사와 요한의 신학은, 우리가 근본적인 동기를 얼마나 깊이 체험하는가, 아니면 그것을 과연 체험하기는 하는가의 문제와 전혀 상관없이, 우리 모두가 하나님의 사랑에 '관한' 생생한 육체적 표현이며 하나님의 사랑을 '위한' 심오한 능력을 갖추고 있다고 주장합니다. 인간은, 하나님께서 먼저 우리를 사랑하셨으므로(요한1서 4:19) 우리도 사랑한다는 성경적 확신을 구체화한 것입니다. 동시에, 우리 모두를 일치시켜 주는 신적 실재 속에서, 우리는 두 가지의 커다란 명령—우리 전부를 다 바쳐서 하나님을 사랑하라는 명령과, 이웃을 내 몸처럼 사랑하라는 명령—의 생생한 잠재적 성취입니다. 테레사는 이렇게 말합니다: "주님, 자기 이웃을 사랑하지 않는 사람은 주님을 사랑하지 않는 사람입니다."[12]

간단히 요약하면, 사랑은 테레사와 요한의 신학에서 가장 핵심이 되는 것입니다. 이것은 온갖 피조물과 우리 인간의 유일한 목표입니다. 그리고 결국, 우리 중심부에 있는 이 사랑이 하나님을 향한 우리의 사랑인지, 아니면 우리를 향한 하나님의 사랑인지, 그것도 아니면 자기 자신과 이웃을 향한 우리의 사랑인지, 하나님을 향한 하나님의 사랑인지를 정확하게 구별해 낸다는 것은 불가능한 일입니다. 요한의 최후 걸작시 마지막 연에서, 사랑하는 이가 사랑 받는 이에게 다음과 같이 말합니다: "당신은 내 마음속에서 얼마나 부드럽고 우아하게 깨어났던가!" 주석서에서 요한은 잠에서 깨어나고 있는 이 사람이 과연 누구인가를 정확하게 묘사하려고 무척이나 애를 씁니다. 하지만 본질적인 합일이 그를 방해하지요. 사실 그의 말마따나, 우리의 영혼은 하나님의 사랑이 깨우는 그 순간까지 진리에 대하여 잠들어 있습니다. 하지만 모든 것이 다 하나님께로부터 생겨나기 때문에 "우리의 깨달음 역시 하나님의 깨달음입니다."[13]

요약컨대, 모든 인간은 하나님을 향한 천부적 사랑을 지닌 채 하나님의 사랑 안에서 하나님의 사랑으로 창조되었습니다. 하나님을 향한 인간의 천부적 사랑은 계속해서 하나님으로부터 솟아나며, 계속해서 하나님을 추구합니다. 하나님의 사랑은 모든 사람과 모든 피조물에게로 흘러가도록 되어 있습니다. 이 사랑은 우리의 진실한 인간 본성입니다.

우리는 바로 그런 존재인 것입니다.

이즈음에서, 어쩌면 다음과 같은 현명한 질문을 던지는 사람이 있을 것입니다. 만일 우리가 사랑으로 만들어진 존재여서 사랑으로 가득 차 있고 또 사랑하게 되어 있는 존재라면, 왜 우리는 이토록 동떨어진 느낌을 받게 되며, 왜 이토록 파괴적인 행동을 하게 되는 것일까 하고 말입니다. 요한과 테레사에 따르면, 여기에는 두 가지 근본적인 이유가 있습니다. 첫 번째 이유는 앞에서 이미 말했던 것이지요: 우리는 지금 진리에 대하여 잠들어 있기 때문입니다; 우리는 자신이 누구인지, 또 무엇을 위하여 존재하는지 아직 깨닫지 못하고 있습니다. 두 번째 이유는 우리가 자신의 사랑을 잘못된 대상에게 쏟기 때문입니다; 우리는 하나님이 아닌 다른 것들에게 애착을 갖게 됩니다. 어떻게 해서 이런 일이 발생하는가를 알아보기 위해, 테레사와 요한이 인간의 영혼을 구상하는 방법에 대하여 우리는 좀 더 깊이 들여다 볼 필요가 있습니다.

영혼의 둥근 원

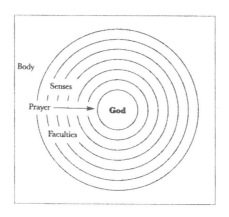

딱히 그렇게 그려진 것은 아니지만, 테레사와 요한의 영혼 이미지는 둥근 원 형태를 취하고 있습니다. 테레사는 생애 후반부에 들어서서 영혼에 대하여 묘사하기를, 일곱 개의 내부 저택 또는 처소를 지닌 아름다운 내면의 성이라고 하였습니다. 이 일곱 개의 내부 저택에는 또 여러 개의 방이 딸려 있습니다.

우리는 이 영혼의 성을 일곱 개의 동심원으로 구상화할 수 있습니다. 물론 하나님께서 중심부에 살고 계시죠. 비록 종이 위에 그릴 수는 없지만, 하나님께서는 이 성을 에워싸고 계시며 그 어디에나 계십니다. 테레사의 구상에서, 성의 외벽은 육체입니다. 신체적 감각(시각, 청각, 촉각 등)은 성 안에 거주하는 사람들입니다. 이 성의 문지기와 관리인은 그 사람의 능력입니다: 지능, 기억, 의지, 상상. (하지만 테레사는 이 능력들이 별로 제 구실을 하지 못한다고 말합니다.)[14]

테레사가 묘사하고 있는 것처럼, 영성 생활의 과정은 한 사람의 의식이 외부의 감각적인 영역으로부터 최고 중심부의 하나님에게로 나아가는 내부로의 여행입니다. 기도는 인간의 의식이 성 안으로 들어갈 수 있는 통로이며, 중심부로 나아가는 길입니다.

한편, 요한의 묘사는 그가 훈련받은 스콜라 철학을 그대로 반영해 줍니다. 다시 말해서, 하나님은 중심부에 계시며, 영혼의 주변을 에워싸고 계시고, 또 영혼 안으로 들어가십니다. 요한은 영혼 외부의 '감각적' 측면과 내부의 '정신적' 측면을 구분 짓습니다. 다음 그림에서 볼 수 있듯이, 그는 영혼의 어두운 밤을 두 가지의 대응 측면으로 나눕니다: 감각의 어두운 밤과 정신의 어두운 밤으로 말이죠.[15]

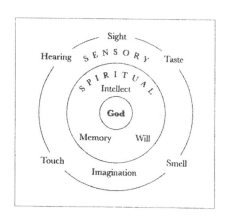

영혼 외부의 감각적 차원에는 다섯 개의 신체적 감각이 존재하는데, 요한은 이것들을 육체 세계로 향하는 영혼의 창문이라고 간주합니다. 좀 더 심오한 기능을 지닌 상상에는 여러 가지의 신체적 자질이 포함되어 있으며, 이것은 정신적 측면과 감각적 측면 사이의 경계로 구체화될 수 있습니다.

영혼 내부의 정신적 측면에는 인간의 세 가지 정신적 능력이 포함되어 있습니다: 지능, 기억, 그리고 의지. 여기에서 요한이 의미하는 지능은 오늘 우리가 의미하는 것과 상당히 유사합니다: 이성적으로 사고할 수 있는 능력, 이해하고 파악할 수 있는 능력. 의지 역시 유사한 의미를 지닙니다: 선택을 하고, 결의를 다지고, 행동을 조종할 수 있는 능력. 하지만 요한이 의미하는 기억은 오늘 우리가 대체로 의미하는 것보다 훨씬 더 풍부한 의미를 지니고 있습니다. 요한의 사상에서, 기억은 그저 과거 경험의 창고에 불과한 것이 결코 아닙니다; 그것은 과거를 토대로 하여 미래를 내다봄으로써 상상에 불을 지피는 것이기도 합니다. 그러니까 기억은 꿈의 토대가 되는 것이지요.

무

여기에서 중요한 것은 테레사와 요한이 각각의 영혼이 하나님을 향한 열망 속에서 살아가는 존재로 간주한다는 점을 반복해서 강조한다는 것입니다. 하나님은 사랑이십니다. 하나님은 사랑 때문에, 사랑을 위해서, 사랑으로부터 모든 사람을 창조하십니다. 우리는 그 사실을 깨닫지 못할 수도 있습니다. 하지만 우리 모두는 사랑의 성취라고 하는 본능적이고도 평생에 걸친 열망을 안고 태어났습니다. 요한은 이렇게 말합니다: "그 날의 마지막에 당신은 사랑 안에서 심판을 받을 것입니다."[16] 완전한 인간이란 사랑의 성취를 향한 열망의 구체화인 까닭에, 그 사람의 각 측면, 저마다의 감각과 능력 역시 그 열망으로 가득 차 있습니다. 요한의 표현을 빌리면, 영혼의 온갖 감각과 재능들은 다 하나님을 향한 '갈망'인 것입니다.[17]

그러므로 우리의 각 부분들은 근본적으로 사랑의 성취를 향한 욕망입니다. 비록 우리가 그 사실을 거의 깨닫지 못할지언정, 우리의 감각은 하나님의 아름다우심과 달콤하심과 좋으신 느낌을 추구합니다. 우리의 정신은 하나님의 진리와 지혜를 추구합니다. 우리의 의지는 하나님의 선하심과 의로우심을 추구합니다. 우리의 기억과 상상은 하나님의 공의와 평화를 추구합니다. 다시 말해서, 우리 전체를 통틀어, 하나님의 특성을 갈망하는 것입니다. 인간은 두 다리로 서서 걸으며 하나님을 향한 열망을 이야기하고 있습니다.

궁극적으로, 온 생애에 걸쳐 우리의 최고 욕망을 진정으로 충족시켜 주고 우리의 사랑을 해방시켜 줄 수 있는 것은 오로지 하나님 한 분뿐이십니다. 우리의 감각과 그 밖의 능력들은 이해할 수 있는 능력에 한계가 있고, 또 하나님의 진실한 본성은 그것들을 초월한 것이기에, 우리는 좌절을 겪을 수밖에 없습니다. 기껏해야 우리는 하나님의 일부 이미지 또는 일부 개념만을, "유리거울을 통하여 희미하게 비치는"(고린도전서 13:12) 일부분만을 어렴풋이 감지할 수 있을 뿐입니다. 하나님은 너무나도 가까이 우리 안에 내재하셔서, 그리고 동시에 너무나도 멀리 우리를 초월하셔서, 어떤 정해진 방법에 따라 하나님을 완벽하게 느끼고 이해한다는 것은 불가능한 일입니다. 요한은 계속해서 말하기를, 하나님의 진정한 특성은 너무나도 완벽하고, 너무나도 순수하고, 너무나도 섬세하여, 우리 능력으로는 결코 파악할 수가 없다고 합니다.[18]

다른 식으로 표현하면, 우리의 온갖 능력들은 '관심의 대상'; 감각, 지각, 이미지, 생각, 기억, 감정, 환상 등을 헤아리는 데 적합하도록 만들어져 있습니다. 우리는 언제나 어떤 '것' *thing*을 인식할 수 있기를 기대합니다. 하지만 하나님은 대상이 되기에는 너무나도 친밀하신 분이고, 어떤 것이 되기에는 너무나도 궁극적인 분이십니다. 우리의 능력은 오로지 하나님 '의 것들,' *things of* 곧 창조 세계의 아름다움이나, 우리가 다른 사람에게 느끼는 매력의 선함, 또는 우리가 종교적인 이미지나 개념들 속에서 경험하는 진리의 일별 같은 것들을 이해할 수 있을 뿐입니다. 이 모든 것들은 우리에게 하나님을 반영해 주거나 소개해 줄 수 있지만, 정작 하나님의 본질은 놓쳐 버립니다. 우리의 정상적인 인간 능력에 비추어 볼 때, 하나님은 '무' *nada, no-thing*이십니다. [19]

요한은 1579년 어느 땐가, 탈출하고서 얼마 안 되어, 영성 생활을 묘사하기 위하여 산으로 오르는 길을 스케치한 적이 있습니다. 이 길을 따라 오르는 동안, 영혼은 온갖 선한 것들 속에서 하나님을 추구합니다. 하지만 결국 하나님은 "이것도 아니고 저것도 아니라"는 사실을 거듭해서 깨닫게 됩니다. 산꼭대기에 이르렀을 때조차도 하나님은 '무' *no-thing, nada*이십니다. [20]

우리가 아무리 열심히 노력한다 할지라도, 우리의 감각은 하나님의 궁극적인 달콤함을 직접적으로 맛볼 수가 없습니다. 우리의 눈으로는 하나님의 얼굴을 바라볼 수가 없습니다. 우리의 정신으로는 하나님의 지혜를 이해할 수가 없습니다. 우리의 의지로는 하나님의 완벽한 선하심 속으로 들어갈 수가 없습니다. 아무리 창조적인 상상일지라도, 우리의 상상력으로는 우리가 갈망하는 그분의 실재를 그저 표상화해 줄뿐, 어떤 상징이나 표상으로 따라잡을 수가 없습니다.

하나님께서 인간을 창조하실 때, 하나님을 사랑하라고 창조해서 놓고는 그렇게 파악하기 어렵게 만든 것은 어찌 보면 잔인하게 들릴 수도 있습니다. 요한의 〈영성적인 성가〉의 서문을 보면, 신부(영혼)가 사랑하는 하나님께 소리쳐 외칩니다: "당신은 나를 상처 입혀 놓고 사슴처럼 도망쳤어요. 그래서 내가 밖으로 나가 당신을 불렀지만, 당신은 끝내 가버렸어요." 테레사와 요한은 이렇게 애타는 좌절감을 여러 가지 방식으로 표현합니다. 요한은 이것을 가리켜 하나님의 게임이라고 부룹니다; 테레사는 이것을 전쟁이라고 부릅니다. 두 사람 모두에게 그것은 '사랑의 상처'입니다. 하지만 두 사람 모두, 인간 삶의 전체적인 기획과 경험은 잔인하지도 않고 모순적이지도 않다고 확신합니다; 그들은 그것이 바로 사랑이 취하는 사랑의 행위일 뿐이라고 확신합니다; 열망하기, 찾기, 창조하기, 해방하기, 그리고 언제나 생생하게 살아 있기.[21]

우리는 대부분의 시간 동안 이 정도의 본질적인 좌절감은 느끼지 못하고 살아갑니다. 우리는 무지의 축복을 받았습니다. 우리는 참으로 무슨 일이 벌어지고 있는지에 대하여 전혀 알지 못합니다.

애착과 우상숭배

아무리 우리 모두가 하나님과 사랑의 성취를 향한 근본적인 욕망을 지닌 채 태어났다고는 하지만, 우리 가운데 대부분은 그 사실을 전혀 모르고 있습니다. 그 욕망의 진정한 본질은, 때로는 아주 오랫동안 깨닫지 못한 상태로 남아 있습니다. 테레사의 말처럼, 우리는 자신이 누구인가를 전혀 모릅니다. 물론 사람마다 조금씩 다르기는 하겠지만, 대부분의 경우, 우리는 즐거움을 경험하고 고통을 회피하려는 아주 단순한 욕망 같은 것에서 출발합니다. 하지만 이것은 그저 삶의 풍요로운 경험들을 위한 수많은 동기를 제공해 줄 수 있을 뿐입니다. 우리는 여전히 행복과 만족, 성공에 대한 추구로 가득 차 있습니다. 우리의 깊숙한 곳에 있는 신적인 동기들은 전혀 깨닫지 못한 채 말입니다.

설상가상으로, 서구 문화는 우리에게 우리 자신의 능력과 노력을 통해서 얼마든지 삶의 완벽한 만족을 성취할 수 있어야 한다고 가르칩니다. 사실 여러 해 동안 우리는 즐거운 경험, 사랑의 관계, 그리고 보상받는 일들을 추구함으로써 매우 만족스러운 느낌을 가질 수가 있습니다. 비록 완벽한 충족감은 못 느낀다 할지라도, 최소한 우리의 노력에 열중할 수는 있습니다. 우리는 자기가 할 수 있는 일을 파악하고 포용합니다. 우리는 가능한 일들을 성취합니다. 진, 선, 미, 그리고 의미를 맛보는 가운데 우리의 미각은 계속해서 발전해 나갑니다.

우리는 우리의 감각이나 개념을 통하여 직접적으로 하나님과 마주칠 수는 없습니다. 그러기에 우리는 우리가 느낄 수 '있고' 볼 수 '있고' 파악할 수 '있는' 것들에게 자연히 이끌릴 수밖에 없습니다. 우리는 자연히 하나님 '의' 것들, 곧 선하고, 진실하고, 아름답고, 사랑스럽게 느껴지는 것들에게 이끌리게 됩니다. 우리는 이 좋은 것들이 우리를 만족시켜 주리라 기대합니다. 우리는 자신이 그것들 자체 때문에 사랑하는 것이 아니라, 그것들이 우리에게 창조주, 곧 우리가 정말로 갈망하는 분에 관하여 속삭여 주기 때문에 사랑한다는 사실을 전혀 인식하지 못합니다. 우리는 아직도 테레사와 요한이 발견한 사실, 곧 그러한 것들은 그저 '메신저' 일 뿐이며 그것들에 대한 우리의 사랑은 창조주의 은혜 없이는 결코 자유로울 수 없다는 사실을 모르고 있습니다.[22]

자신이 그런 것들에 이끌리는 이유는 우리 안 깊숙한 곳에 있는 무엇인가가 그것들 안에 있는 신성을 느끼기 때문이라는 사실을 우리는 대체로 깨닫지 못합니다. 우리가 아는 것이라고는 자신이 좋은 느낌들만 바라고 불쾌한 느낌들은 회피한다는 것뿐입니다. 우리는 좋은 것을 경험하면 할수록 더 많은 것들을 바라게 됩니다. 따라서 우리는 습관화되고 맙니다. 대체적으로 우리는 습관에 입각하여 살아갑니다. 어느 정도까지는 습관도 건전하고 자연스러운 과정입니다. 습관은 대체로 우리가 자기 자신과 사랑하는 사람들을 돌보도록, 학습적이고 창조적인 존재가 되도록, 그리고 좋은 것들을 성취하도록 이끌어 줍니다. 그러나여기에는 몇 가지 결점도 공존합니다.

첫째, 우리의 습관들 가운데 일부는 필시 선택이 불가능한 것들로 변하고 맙니다. 그런 습관들은 결국 강박충동이 되고 맙니다. 강박충동은영혼에 좋지 않습니다. 인종차별주의나 복수심처럼, 어떤 습관들은 너무나도 파괴적입니다. 또 어떤 습관들은, 과로나 열광적인 자기-희생처럼, 피상적으로는 경탄할 만하나 내면적으로는 우리를 멸망시켜 버리기도 합니다. 강박충동의 지배 아래 있을 경우, 그것이 외부적으로 드러나는 방법과는 전혀 상관없이, 우리는 언제나 자유를 빼앗기고 맙니다. 우리는 자신이 선택을 해서가 아니라 반드시 그렇게 해야만 하기때문에 행동을 취합니다. 우리는 사물들, 사람들, 신념들, 그리고 행위들에 매달리게 됩니다. 그것들을 사랑해서가 아니라, 그것들을 잃을까봐 두려워서 말입니다.

이러한 강박적 조건을 가리키는 고전적인 영성 용어가 바로 '애착' attachment 입니다. 이 단어는 "말뚝 박히다" 또는 "못 박히다"라는 의미의고대 유럽어에서 비롯되었습니다. 중요한 정신적 전통들은, 애착이 인간의 정신 에너지를 사랑이 아닌 다른 것에 얽매이게 한다는 이해를 오랫동안 공유해 왔습니다. 우리는 저마다 셀 수도 없이 많은 애착들을지니고 있습니다. 우리는 일상적인 일들과 우리의 환경, 관계, 그리고물론 우리의 소유물에까지 집착하고 있습니다. 우리는 또한 자신의 종교적 신념, 그리고 자기 자신과 이웃, 하나님에 대한 스스로의 이미지에도 집착하고 있습니다.

애착은 피할 수 없는 것입니다. 우리의 뇌는 습관을 발전시키는 가운데 학습을 하며, 그 습관들은 대부분 선택이 불가능한 애착이 되고 맙니다. 우리는 이 애착에 근거하여 행동을 결정합니다. 그러므로 각각의 상황에 부딪칠 때마다 새롭게 생각할 필요가 전혀 없습니다. 선택 불가능한 이 습관들이 없다면, 우리는 금방 마비되고 말 것입니다. 이런 식으로, 우리의 애착들 가운데 대부분은 우리에게 좋은 영향을 미치며, 보통 우리는 그것들이 우리의 자유를 얼마나 위태롭게 하는지 깨닫지 못합니다.

그렇지만 조만간 우리는 자신의 애착들 가운데 일부가 별로 효과적이지 못하다는 사실을 발견하게 됩니다. 그것들은 우리를 방해합니다. 사도 바울과 마찬가지로, 우리는 하고 싶지 않은 일을 하고, 정작 가장 하고 싶은 일은 하지 못하는 자신을 발견하게 됩니다(로마서 7:15). 우리는 이 불쾌한 애착들을 가리켜 '나쁜 습관'이라고 부릅니다. 우리가 그것들을 아주 나쁘다고 생각할 때, 그리고 그것들이 우리의 사랑을 방해할 정도로 심할 때, 우리는 그것을 가리켜 '중독'^{addictions}이라고 부릅니다. 우리 모두가 애착을 지니고 있듯이, 중독 또한 우리 모두가 지니고 있습니다. 많은 경우, 우리가 결국 자신의 진정한 욕망으로부터 얼마나 멀리 벗나가 있는가를 깨닫게 해주는 것은 한두 가지 형태의 중독입니다. 그렇게 함으로써 중독은 우리를 굴복시킵니다.[23]

영성적인 의미에서, 우리의 애착과 중독의 대상은 '우상'^{idols}이 됩니다. 우리가 원하든 원치 않든 간에, 우리는 그것들에게 시간과 에너지,

관심을 모두 바치게 되어 있습니다. 심지어는—좀 더 특별한 경우이긴 하지만—우리가 그것들로부터 벗어나기 위하여 몸부림을 치는 동안에도 마찬가지입니다. 우리는 자유로워지고 싶고 정열적이고 싶고 행복해지고 싶지만, 우리의 애착 때문에 우리는 의존적이고 욕심 많고 지독한 자기 도취에 빠지는 존재가 되고 맙니다.

이것이 바로 우리 문제의 본질입니다. 우리의 선천적 유산, 곧 우리의 인간 본성은 두 가지 커다란 명령에 대한 약속을 완수하는 것입니다. 우리는 온 마음과 영혼과 정신을 다하여 하나님을 '사랑할 것이며,' 이웃을 내 몸처럼 '사랑할 것입니다' (마태복음 22:37~39). 하지만 우리는 우리 마음이 다른 곳에 가 있고, 우리 영혼이 다른 것들에게 끌려가며, 우리 정신이 다른 것들에게 꼬임 당하고 있다는 사실을 알게 됩니다. 우리가 그것을 인정하든 안 하든 간에, 우리는 그릇된 신들을 섬기고 있습니다. 그리고 대부분의 경우, 우리는 그 사실을 부인하려고 애쓰지요.

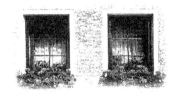

제 3 장

더 깊은 갈망
욕망의 해방

천국은 결국

자유롭게 하시는 하나님 안에 있습니다.

―에벌린 언더힐[1]

일부 알코올 중독 치료자들이 이야기하듯이, 부인*denial*은 이집트 강과는 차원이 다른 것입니다. 정신분석학자들은 이 부인을, 우리가 스트레스에 방어하기 위하여 취하는 가장 원초적인 방법들 가운데 하나라고 분류합니다. 만일 어떤 것이 너무 고통스럽거나 당혹스러울 경우, 우리의 정신은 그만 그것을 부인해버리게 됩니다. 애착의 경우에도 마찬가지일 때가 많습니다. 애착은 부인을 먹고 자라납니다. 영성적인 측면에서 보면, 부인은 머리가 둘 달린 악마입니다. 부인은 사랑할 수 있는 우리의 능력이 완벽하고 자유롭다고 믿게 만듦으로써, 우리의 우상 숭배를 우리 스스로가 깨닫지 못하도록 방해합니다. 또한 부인은 사랑에 대한 우리의 진정한 욕망을 덮어버립니다. 삶이란 우리 자신의 만족을 얻는 일에 대한 제멋대로의 헌신으로 이루어진다는 확신을 심어 주면서 말입니다. 우리 모두는 어느 정도 이 부인과 연루되어 있습니다. 그것은 이것이 효과가 있기 때문인데, 어떤 때는 그 효과가 아주 오랫동안 지속되기도 합니다.

그렇지만 우리 모두에게는 자신의 좀 더 심오한 갈망과 진정한 본성을 홀깃 들여다볼 수 있는 갑옷의 작은 틈새, 깨달음의 순간이 있기 마련입니다. 보통 우리는 그런 순간에 처하게 되는 것을 좋아하지 않습니다. 우리가 근본적으로 불만족스럽다는 사실을 인정할 수밖에 없도록 만들기 때문이지요. 우리는 자신이 노력한 결과가 원했던 것만큼 완벽하지 않다는 사실을 직시하게 됩니다. 성취를 위하여 그토록 열심히 했던 일도 우리가 기대했던 것만큼 대단하진 않습니다. 어쩌면 우리를 완전하게 만들어 주리라 생각했던 애정 관계도 진부하고 낡아빠진 것이 되어 버렸을지 모릅니다. 지난날 우리에게 기쁨을 안겨 주었던 것들도 이제는 공허해 보일 수 있습니다. 그런 일별은 각각의 사람들마다 독특한 방식으로 일어납니다. 그러나 언제나 그런 일별은 생겨나게 되어 있습니다. 그것도 거듭해서 말입니다. 그때마다 일별은 영혼의 어두운 밤의 여명이 다가오고 있음을 알려 줍니다.

인생의 초기에는 이런 순간적인 불만족이 나타날 때마다 곧바로 그것들을 차단해 버릴 수가 있습니다. 우리는 그런 불만족을 분위기 탓으로 돌리거나 힘든 상황 또는 불쾌한 하루의 탓으로 돌려버릴 수가 있습니다. 우리는 내일이면 상황이 좀 더 나아질 것이라고 생각할 수 있습니다. 그렇지만 좀 더 성숙한 다음에는, 우리는 자신이 고군분투하고 있는 동안에 어느새 목표점을 벗어나 버렸고, 우리가 기대했던 만족을 놓치고 말았다는 사실을 서서히 인정하기 시작합니다. 하지만 그럴 때조차도 우리는 행로를 바꿔서 새롭게 노력하면 결국 승리하게 될 것이라고 생각하곤 합니다. 인생의 중반부에 들어서면, 우리는 시간이 별로 남지 않았다는 사실을 느끼기 시작합니다; 너무 늙어버리기 전에 우리가 원하는 것을 발견하여 즐기려면, 이제 좀 더 근본적인 변화를 단행해야 합니다. 인생의 후반부로 접어들면, 결국 우리는 좀 더 열린 마음으로 인정할 수 있을지도 모릅니다. 어쩌면 우리가 여태껏 해왔던 모든 것들이 그저 식욕을 돋우는 것, '메신저'에 불과한 것이었는지도 모릅니다. 어쩌면 우리는 자신이 진정 갈망하는 것은 바로 모든 좋은 것들의 창조주시라는 사실을 파악하게 되었을지도 모릅니다.

앞에서 설명했듯이, 흔히들 이 여명의 깨달음은 온 생애에 걸쳐서 간헐적으로 나타납니다. 하지만 그것은 아무 때라도 일어날 수 있습니다. 어떤 사람들은 처음부터 그것을 가지고 태어난 것처럼 보이기도 합니다. 그런 사람들은 자라면서 자기 주변 사람들의 가치관과 고군분투에 맞게 스스로를 조종하려고 노력하지만, 그들의 마음은 결코 그렇지 못합니다. 그들은 획득이나 성취를 통해서는 결코 만족감을 누릴 수 없다는 사실을 뼈저리게 통감합니다. 그들은 종종 자신 안에서 느껴지는 색다른, 좀 더 심오하고 파악하기 힘든 사랑 때문에 자신이 주변 환경에 잘 적응하지 못한다고 느낍니다. 그들에게 여행이란 자신의 욕망 실현을 목표로 하는 여행이 아니라, 그 욕망을 이해해 주지도, 후원해 주지도 않는 문화 속에서 자신이 이미 지니고 있었던 욕망을 주장하게 될 수 있게 되기까지의 여행입니다.

깨달음은 유아기나 노년기 또는 그 사이의 어딘가에서 일어날 수 있습니다. 그리고 깨달음은 고통과 즐거움의 연속체 가운데 어느 지점에서나 발생할 수 있습니다. 그것은 자신이 정말로 원하는 것이 무엇인가를 깨닫게 되는 단순한 은총에서처럼 아주 유쾌한 경험이 될 수도 있고, 자신이 이제껏 헌신해 온 것이 근본적으로는 공허하고 무의미한 것이었다는 사실을 깨닫게 된다거나 또는 사랑하던 것을 갑자기 상실하게 되는 것처럼 지극히 고통스러운 경험이 될 수도 있습니다. 그리고 거의 언제나 이러한 깨달음은 혼동에 둘러싸여 있습니다.

어두움

또 한 명의 카르멜회 신비주의 수사인 부활의 로렌스 형제^{Brother} $^{Lawrence\ of\ the\ Resurrection}$는 17세기 프랑스에서 살고 있었습니다. 그는 자신의 유명한 학술 논문 〈하나님의 임재의 실천〉 $^{The\ Practice\ of\ the\ Presence\ of\ God}$ 어느 부분에서 이렇게 말합니다: "사람들은 자신의 영혼이 때때로 하나님께 이야기한다는 사실을 알면 굉장히 놀랄 것이다."[2] 프로이트가 무의식의 세계를 "발견"하기 몇백 년 전에 이미 로렌스 형제나 테레사나 요한 같이 관상을 중시한 이들은 우리의 의식 너머에 영혼의 실제적인 삶이 존재한다는 사실을 강력하게 인정하고 있었습니다. 테레사와 요한이 '어두움' 이라는 용어를 사용할 때, 그들이 가리키는 것은 바로 영성 생활의 무의식적인 차원입니다.

오늘 우리는 어두움에 관하여 말할 때, '어두움의 힘' 이라든가 '어두운 면' 처럼 뭔가 불길하고 나쁜 것들을 가리키는 경우가 많습니다. 하지만 앞에서도 말한 바 있듯이, 테레사와 요한이 어두움에 해당하는 오스쿠라^oscura라는 스페인어를 사용했을 때, 이것이 의미하는 바는 결코 그런 것들이 아닙니다. 그들이 가리키는 것은 단순히 '컴컴한'^obscure 일 뿐입니다. 밤에는 사물을 보기가 힘든 것처럼, 하나님과 인간의 가장 깊은 관계가 우리의 의식적인 깨달음으로부터 가려져 있다는 의미를 담고 있는 것입니다.

라 노혜 오스쿠라^la noche oscura, 영혼의 어두운 밤에 대하여 말할 때, 요한은 뭔가 신비롭고 미지의 상태에 있는 것을 가리킵니다. 하지만 결코 불길하거나 사악한 것을 의미하지는 않습니다. 오히려 그것은 모든 상상을 초월할 정도로 지극히 성스럽고 귀중한 것을 의미합니다. 요한은 영혼의 어두운 밤이 "행복하고" "기쁘고" "인도해 주며" "궁극적인 은총" 으로 가득 차 있다고 말합니다. 하나님께서 우리를 애착과 우상 숭배로부터 해방시켜 주시고, 나아가 우리의 진정한 본성을 깨닫게 해주시는 방법은 아주 비밀스럽습니다. 밤은 바로 우리가 자기 마음속의 욕망, 사랑을 향한 우리의 자유를 발견하기 위한 수단입니다.

그렇다고 해서 모든 어두움이 다 좋은 것이라는 말은 아닙니다. 테레사와 요한은 좀 더 불길한 종류의 어두움을 묘사하기 위하여 티니에블라스^tinieblas라는 용어를 사용합니다. 이 두 단어의 차이점은 명백합니다. 테레사는 영성 생활이 너무 어두워서 "내가 모르는 것들에 관하여 기록하려면" 좀 더 많은 인내가 필요하다고 말할 때, 오스쿠라^{oscura}라는 단어를 사용합니다. 그러나 "악마는 어두움 그 자체"라고 말할 때에는 티니에블라스^{tinieblas}를 사용합니다.[3] 이와 비슷하게, 요한도 오스쿠라^{oscura}를 사용할 때와 티니에블라스^{tinieblas}를 사용할 때가 사뭇 차이 납니다. 오스쿠라^{oscura}는 사물이 가려져 있을 때 사용합니다; 티니에블라스^{tinieblas}는 사람이 앞을 못 볼 때 사용합니다. 사실, 영혼의 어두운 밤이 치유하기 위하여 애쓰고 있는 것은 티니에블라스^{tinieblas}의 눈먼 상태, 곧 애착과 미혹에 대한 우리의 노예 생활을 제대로 보지 못하는 상태입니다.[4]

고난과 기쁨

테레사와 요한에게 영혼의 어두운 밤은 전적으로 사랑과 치유와 해방의 과정입니다. 그것이 그런 식으로 '느껴지느냐' 아니냐는 전혀 별개의 문제입니다. 오늘에는 대부분의 사람들이 영혼의 어두운 밤을 고난과 시련의 시간이라고 생각합니다―구원의 시간일지는 모르지만 불쾌한 것만은 확실한 시간이라고 말이지요. 하지만 언제나 그런 것은 아닙니다.

어두운 밤의 경험이 지니는 특성들 가운데 단 한 가지 확실한 것이 있다면, 그것은 바로 모호성입니다. 사람들은 결코 현재 벌어지고 있는 일들을 정확히 이해하지 못합니다. 이미 말했듯이, 어떤 어두운 밤 경험은 아주 즐거울 수도 있습니다. 내 친구 한 명은 가차 없는 완벽주의

자였는데, 성자가 된 뒤의 삶을 올바른 일에만 바쳐온 사람이었습니다. 그래도 그에겐 유머 감각이 있어서 우리는 함께 즐거운 시간을 보냈습니다. 하지만 그의 자기 비판 때문에 당하는 고통을 목격하고서 나는 무척이나 마음이 아팠습니다. 그러다가 그는 자신도 모르는 사이에 점점 편안해지는 것을 느꼈습니다. 그는 책임감이라고 하는 부담에서 기쁜 해방을 맞이하였습니다. 비록 무슨 일이 벌어지고 있는가를 확실히 몰랐고, 자신이 그렇게까지 게을러질 수 있는지 의아해 하기도 했지만, 그의 전체적인 변화 경험은 아주 기뻤습니다.

이와 똑같은 종류의 해방이 다른 상황에 처한 다른 사람에게는 아주 고통스러운 경험이 될 수도 있습니다. 내가 정신의학 실습을 받고 있을 때, 한 여인이 우울증 때문에 날 찾아왔습니다. 그녀는 평생을 바쳐 가족을 돌봐온 사람이었습니다. 그 과정 속에서 그녀는 자기 자신의 관심사들을 번번이 무시해 버렸습니다. 자기 자신을 위하여 무슨 일을 한다는 것에 대해서 그녀는 죄책감을 느꼈습니다. 그녀는 자녀들이 다 자라버린 뒤, 가슴에 뻥 뚫린 공허감과 싸우고 있었습니다. 또한 그녀는 남편에게 애인이 있다는 사실을 알게 된 뒤에 좌절감을 느끼고 있었습니다. 그 경험은 그녀를 가족 돌보기 강박충동으로부터 벗어나게 하는 일에서부터 시작되었습니다. 그러나 확실히 그것은 해방과는 거리가 먼 느낌이었습니다. 그녀가 느낀 것은 고통과 상실감, 그리고 버림받았다는 느낌뿐이었습니다. 점점 커져 가는 자신의 자유를 흘깃 본 경험은 처음에는 그녀를 훨씬 더 우울하게 만들었습니다. 자신의 부부관계와 가족에 대한 전적인 헌신을 포기함으로써, 그녀는 자신의 유일한 가치를 상실해 버렸다고 느꼈기 때문입니다. 하지만 점점 그녀는 자기 자신을 위한 시간을 즐길 수 있게 되었습니다. 고통 가운데서도 거의 알아챌 수 없을 정도로 미묘하게, 그녀는 자신이 한 일 때문이 아니라 바로 자신의 존재 때문에 의미감과 가치감을 느낄 수 있게 되었던 것입니다.

즐거운 경험이든 고통스러운 경험이든 간에, 해방은 언제나 포기, 일종의 '상실'과 연관되어 있습니다. 나쁜 습관처럼 제거해 버림으로써 기쁨을 느끼게 되는 뭔가를 상실할 수도 있고, 애정 관계처럼 필사적으로 집착하는 뭔가를 상실할 수도 있습니다. 그 어느 쪽도 상실이기는 마찬가지입니다. 따라서 어두운 밤 경험이 유쾌한 경우라 할지라도, 공허감 또는 심지어 비탄까지도 동반되는 것이 보통입니다. 반대로, 어두운 밤 경험이 우리에게 비극적인 상실감을 안겨 준다 할지라도, 개방성과 신선한 가능성을 함께 느끼는 것 역시 보통 있는 일입니다. 중요한 것은, 우리가 아무리 열심히 노력한다 할지라도 그 과정을 정확히 파악할 수 없다는 사실입니다. 우리는 그저 자기가 특정 시간에 느끼는 것만을 알 뿐이며, 바로 그것이 우리의 경험이 즐거운지 고통스러운지를 결정짓는 요인입니다. 내 친구 한 명이 입버릇처럼 늘 이야기하듯이, "진짜로 무슨 일이 벌어지고 있는가는 오직 하나님만이 아십니다—문자 그대로!"

숨겨진 변화

어두운 밤의 모호성은 여간해선 변하지 않습니다. 그래서 나는 때때로 이렇게 말합니다: "당신이 영혼의 어두운 밤을 걷고 있다고 확신한다면, 그건 필시 영혼의 어두운 밤이 아닐 것입니다!" 어찌 보면 무례히 들릴 수도 있겠지만, 내 경험에 비추어 볼 때, 어두운 밤을 경험하는 사람들은 거의 대부분 그것을 다른 것으로 착각합니다. 즐거운 경험일 경우에는 신비로운 돌파구나 설명할 수 없는 은총이라고 일컫기도 하고, 또 불쾌한 경험일 경우에는 자기 자신에게 책임(게으름, 권태, 저항, 그 밖의 부족한 점들)이 있는 실패라고 간주하는 경향이 있습니다.

만일 요한의 주장처럼 밤이 하나의 선물이라면, 왜 그 과정이 이리도 모호하게 남아 있어야 하는 것일까요? 밤은 애착의 포기와 관련이 있기에, 우리의 회피 습관에 속하는 영역을 부인하게 만듭니다. 우리는 스스로가 파괴적이라고 인정하는 강박충동들을 기꺼이 포기하고 싶어질 수도 있습니다. 하지만 새롭게 새해 결심을 다져본 경험이 있는 사람이라면, 그러한 시도가 얼마나 자멸적인 것인지를 잘 알 것입니다. 우리가 사랑하는 애착, 우리가 존경하고 존중하는 것들의 경우는 어떻습니까? 비록 사랑이 아니라 강박충동에서 비롯된 것임을 알게 된다 하더라도, 우리가 과연 좋은 일을 하거나 우리 가족을 돌보려는 충동으로부터 기꺼이 자유로워지려고 할까요? 비록 우리에게 편안함과 안전함, 의미를 주시는 하나님의 형상과 신앙이 우리를 얼마나 옭아매고 구속하는지를 알게 된다 할지라도, 우리가 과연 그것들에 대한 애착을 그만둠으로써 하나님의 은총에 기꺼이 합류하려고 할까요?

만일 우리가 정직하다면, 진정한 자유를 향한 움직임을 방해할 것이 틀림없다고 대답할 것입니다. 만일 우리가 이 여행에서 포기하라는 명령을 받게 될 줄 미리 안다면, 우리의 방어물들은 결코 이 여행에 첫발을 내딛지 못하도록 할 것입니다. 때로는 우리가 어디로 갈지 전혀 모르는 것이야말로, 우리가 좀 더 깊은 차원의 여행으로 들어설 수 있는 유일한 방법일 수 있습니다.

모호성에 관한 요한의 설명은 한층 더 심화됩니다. 그는 세속적인 차원에서 보면, 우리가 비틀거리지 않고 나아갈 길을 알 수 있도록 빛이 있는 게 좋다고 말합니다. 그러나 영성적인 차원에서는, 가장 비틀거리는 것 같은 때에도 사실 우리는 자기가 갈 길을 아주 잘 알고 있다고 '진짜로' 생각합니다. 그러므로 요한은 말하기를, 하나님께서 "우리를 안전하게 지켜 주시기 위하여" 우리의 의식을 어둡게 만드신다고 합니다. 자신이 가는 길을 전혀 계획할 수 없을 때, 우리는 하나님의 보호 아래 약한 존재가 되며, 어두움은 "인도의 밤," "새벽보다 더 친절한 밤"이 되어 줍니다.[5]

다시 한 번 말하지만, 우리가 고통스러운 것으로 경험하든 즐거운 것으로 경험하든 간에, "밤이 어두운 것은 우리를 보호해 주기 위해서입니다." 우리는 자기 자신을 해방시킬 수 없습니다; 우리가 제아무리 방어를 하고 저항한다 할지라도, 우리 자신을 해방시키지는 못합니다. 오히려 그 과정에서 우리 스스로 상처를 입고 말뿐이지요. 우리가 가장 간절히 원하고 있는 사랑으로 자신을 이끌기 위하여, 우리는 자기 자신의 힘만으로는 도저히 계속 나아갈 수 없는 지경까지 '도달해야' 합니다. 또한 그 여행을 방해하지 않기 위해서는 자기가 어디로 가고 있는지를 전혀 몰라야만 합니다. 깊은 어두움 속에서, 우리의 감각으로는 도저히 닿을 수 없는 길에서, 하나님께서 우리에게 "또 다른, 더 나은 사랑"과 "더 깊고, 더 긴급한 갈망"을 서서히 심어 주십니다. 그것이 이 길을 따라 가는 동안 우리에게 필요한 온갖 포기들을 실행할 수 있도록

우리의 의지를 굳세게 해줍니다.[6)]

이 변화 과정—애착으로부터 사랑을 해방시키는 과정—은 구원이라는 고대의 성경적 개념과도 아주 흡사합니다. 구원을 의미하는 히브리어는 종종 아인^y 자와 싸메크^s 자로 구성된 어근, 요드^{yodh}와 신^{shin}을 포함합니다. 한 가지 예를 들면, 예수라는 이름의 히브리어 예수아^{Yeshua}는 "하나님이 구하신다"라는 의미를 지니고 있습니다. 이 아인-싸메크$^{y-s}$ 어근은 노예나 감금 상태에서 풀려나 자유로이 움직일 수 있게 되었으며 자신의 진정한 본성에 따라 행동하는 존재가 되었다는 의미를 내포하고 있습니다. 욕망 '으로부터의' 자유를 주장하는 생명-거부 금욕주의자들과 대조적으로, 테레사와 요한은 욕망을 '위하여' 자유로 이끄는 것이야말로 진정한 변화라고 말합니다. 그들에게 온갖 인간 욕망의 본질은 바로 사랑입니다.

그들의 이해에 따르면, 티니에블라스^{tinieblas}의 눈 멈은 애착과 죄의 노예가 되는 것, 사랑이 메말라 버리는 것을 의미합니다. 따라서 "죄로부터 구원 받는다"는 것은 곧 사랑이 넘치도록 자유로워진다는 것과도 같은 뜻이 됩니다. 요한은 당대의 신학에서, 어두운 밤의 변화 과정이 정죄를 통하여 갑자기 생겨나는 것—오로지 지금, 이생의 삶에서 벌어지는 것—과 똑같다고 보았습니다.

변화의 목표, 어두움 뒤의 새벽은 인간 영혼을 위한 세 가지 예비 선물들로 이루어집니다. 첫째는, 영혼의 가장 깊숙한 욕망이 충족됩니다. 애착의 우상숭배에서 해방된 개인은 이제 하나님과 완전한 사랑을 나눌 수 있으며, 제 이웃을 제 몸처럼 사랑할 수도 있습니다. 이 사랑은 개인의 전체적인 자기와 연결됩니다: 행동뿐만 아니라 감정까지도. 둘째는, 하나님과 창조세계로부터의 분리라고 하는 잘못된 망상이 깨끗이 사라져 버립니다; 개인은 지금까지 언제나 있어 왔던 본질적 합일을 서서히 의식적으로 깨닫게 되며 그것을 즐기기 시작합니다. 셋째는, 사랑의 자유와 합일의 깨달음이 하나님 '안으로의' 능동적인 참여를 이끌어 냅니다. 여기에서 개인은 자기 자신의 아름다움과 진정한 본성을 인식하게 될 뿐만 아니라, 좀 더 사실적이고 실제적인 봉사를 통하여 하나님의 사랑과 이웃에 대한 자비를 공유하게 됩니다.

이러한 비전이 살아 숨쉬고 있음을, 이 비전의 무한한 깊이를 우리가 파악하기 시작할 때, 도저히 우리 자신의 힘만으로는 그 비전을 성취할 수 없다는 사실이 명백해집니다. 이것은 절대로 일어날 수 없는 기적과도 같습니다.

밤에 하나님과 인간이 함께

우리는 자기 스스로 해방이나 완성을 성취할 수 없습니다; 우리는 어디서부터 시작해야 할지조차도 알지 못합니다. 하지만 하나님 역시 하늘로부터 내려와 우리를 마치 꼭두각시처럼 조종하실 수 없습니다. 테레사와 요한은 하나님이 그러시기엔 우리를 너무나 많이 사랑하고 계시며, 우리의 마음 문이 닫혀 있는 곳에는 결코 침범하지 않으실 거라고 주장합니다. 요한의 말에 따르면, 하나님은 긍정적으로 각각의 영혼을 존중하시며, 한 영혼 한 영혼에게 고유하게 필요한 수용 능력을 깊이 고려하면서 다가오신다고 합니다. 테레사의 표현을 빌자면, 그리스도는 "우리에게 굴복하십니다."[7]

그러므로 어두운 밤의 과정은 우리 스스로 완성시킬 수 있는 것도 아니고, 하나님 한 분이 우리 안에서 역사하시는 것도 아닙니다. 테레사와 요한의 경우, 어두운 밤의 과정은 하나님과 인간 사이의 신비로운 동참입니다. 하나님께서 인간 영혼의 중심부에 계시니, 다른 길로 갈 수가 없지요.

영성 생활에 관련된 여러 가지 것들과 마찬가지로, 이 동참 역시 말로 설명하기가 매우 어렵습니다. 테레사와 요한은 영성 생활의 '능동적인' 차원과 '수동적인' 차원에 관하여 자주 언급합니다. 예를 들면, 그들은 명상이 능동적인 반면, 관상은 수동적이라고 말합니다.[8]

요한과 테레사도 그 용어들을 능숙하게 사용하였습니다. 그 시대에는 "능동적인"과 "수동적인"이라는 용어가 널리 보편적으로 사용되는 신학 용어였습니다. 하지만 이 용어들은 오해를 불러일으키기가 아주 쉽습니다. 여기에서 특별히 중요한 것은, 우리가 행동하는 것은 "능동적인" 것이고 하나님이 행동하시는 것은 "수동적인" 것이라고 하는 단순한 해석에 굴복하지 않는 것입니다. 그러한 오해는 지금껏 우리에게 영성 생활의 행위에 관한 엄청난 혼동을 불러일으켜 왔습니다. 예를 들면, 하나님께서 관상을 '주시는' 동안, 인간은 명상을 '한다는' 식의 제멋대로의 이원론적 해석은, 몇몇 절망적인 영혼들로 하여금 인간의 노력만으로는 도저히 성취될 수 없는 '후천적 관상'이라고 하는 좀 더 작고 특별한 범주를 생각해 내도록 만들었습니다. 이러한 사상은 적어도 2세기 동안이나 널리 퍼져 나갔으며, 지금도 몇몇 집단에서는 찾아볼 수가 있습니다. 이와 똑같은 왜곡이 좀 더 부드럽게, 좀 더 현대적인 형태로 나타난 것은, 능동적인 명상의 숙련이 어쨌든 개인으로 하여금 하나님이 주시는 관상의 은사를 좀 더 기꺼이 받아들일 수 있도록 해주고 마음을 열어 준다는 가정입니다. 내 생각에, 그런 오해들은 모두 우리가 너무 쉽사리 '하나님과 나' 정신구조로 빠져들기 때문에 생겨나는 것이며, "내 안의 하나님, 하나님 안의 나, 나와 똑같은 하나님"이라는 헤아릴 수 없이 신비롭고 친밀한 동참을 기억하지 못하기 때문에 발생하는 것 같습니다.[9]

영성 생활을 말로 표현하려고 애쓰는 사람들은 '하나님과 나' 차원을 지나치게 강조하기가 쉽습니다. 그 언어는 그것이 본래부터 지니고 있는 이원론적 특성 때문에, 언제나 하나님—그리고—사람이라는 좀 더 신비로운 차원을 하나 더 포함시킬 정도로 아주 복잡해져 버렸습니다. 게다가, 위에서 우리가 이미 논의한 것처럼, 대부분의 사람들은 보편적으로 하나님을 '타자'로 경험합니다. 그러므로 테레사와 요한은 '능동적인'과 '수동적인'을 인간 경험을 설명하기 위한 하나의 방편으로 사용하였습니다. 이런 면에서 볼 때, 영성 생활의 능동적인 차원은 자기 자신의 주도, 선택, 또는 노력과 같은 '느낌들'로 구성되는 반면, 수동적인 차원은 하나님에 따라 시작되고 진행되는 '것처럼 보입니다.'

그러나 진짜로 벌어지는 일은 그렇게 독단적이지가 않습니다. 시간이 지나면서 종종 관점의 변화가 일어납니다. 수많은 신비주의자들은 어떤 영성적 목표를 향하여 온갖 애를 다 써보지만 결국 그 목표에 도달하고 나서 깨닫게 되는 것은 그것이 성취가 아니라 순전한 은사였다는 사실이라고 설명합니다. 하나님과 인간 사이의 절대적인 분리를 가정하는 신학에서조차도, 자기 자신이 최선을 다해 노력하고 시도하는 것은 오로지 하나님께서 먼저 영감을 주셨기 때문이라고 말하는 사람들이 많습니다. 그럼에도 불구하고, 하나님의 활동을 향한 우리의 의지, 하나님께 "예"라고 응답하는 것은 반드시 필요합니다. 이것은 이루 다 말할 수 없이 중요합니다. 요한은 하나님께서 신적인 은총의 "응답"을 진정으로 자유롭게 주시는 것은 바로 하나님을 향한 영혼의 자유롭고 진실한 "응답" 속에서만 가능하다고 말합니다.[10]

요한은 개인의 주도력과 선택 의지가 "수동적인" 관상에서 얼마나 많은 비판을 받고 있는지에 대하여 아주 결정적인 예를 몇 가지 들고 있습니다. 요한의 다음과 같은 말은 종종 인용되고 있습니다: "순전한 관상은 받는 것으로 이루어진다." 이 말은 사실 아주 수동적인 표현처럼 들립니다. 하지만 이 문장을 좀 더 주의 깊게 검토해 보기로 하지요. 스페인어로 하면 이 문장은 이렇습니다: "콘템플라시온 푸라 콘시스테 엔 레시비르" *Contemplación pura consiste en recibir*. 그렇지만 레시비르*recibir*의 뜻은 전적으로 수동적인 수용성이 아니라 한 사람이 자기 집안으로 손님을 모셔 들이는 것과 같은 의미를 지니고 있습니다. 그러므로 이 단어는 두 팔을 벌려 환영하는 심정을 나타내는 말입니다. "순전한 관상은 두 팔을 벌려 환영하는 것으로 이루어진다." 이 얼마나 다른 뜻을 담고 있습니까!![11]

좀 더 충격적인 예를 하나 더 들어볼까요? 요한은 "단순한 사랑의 깨달음"이 특징인 처음의 관상 경험에 대하여 이야기합니다. 이것 역시 매우 수동적인 의미로 여겨집니다. 하지만 이 말을 스페인어로 보면 이렇습니다: "아드베르텐시아 아모로사, 심플" *advertencia amorosa, simple*. 여기에서 의미심장한 단어는 아드베르텐시아*advertencia*입니다. 이 단어의 뜻에 비추어 볼 때 "깨달음"이라는 번역은 조금 시큰둥한 것이기 때문입니다. 현대 스페인어 관용사전을 보면, 아드베르텐시아^{advertencia}는 "주목"$^{attention!}$을 의미합니다. 경고나 훈계의 뜻으로 쓰이는 것이지요. 요한 자신은 아드베르텐시아^{advertencia}가 아주 역동적인 주의집중이라고 설명합니다. 그는 이것을 진정으로 사랑하는 사람에게 쏟는 관심 또는 망루 위에 서서 보초를 서는 경계와도 같다고 말합니다.[12]

만일 우리가 "하나님과 나"라는 이원론에 기대지 않을 수만 있다면, 요한과 테레사가 사용한 "능동적인"과 "수동적인"에 내포된 좀 더 미묘한 뉘앙스를 알아챌 수 있을 것입니다. 확실히 명상과 관상 사이에는 특별한 차이점이 존재합니다. 우리 스스로 한다고 느끼는 것과 하나님의 순전한 은사로서 오는 것처럼 보이는 것 사이에도 독특한 차이점이 있습니다. 좀 더 능동적인 차원의 영성 생활에서 우리는 자기 자신의 주도력과 노력에 달려 있는 습관과 버릇을 떠맡고 있다는 느낌을 갖게 됩니다. 우리는 항상 어떤 목표를 염두에 두고 있으며, 자신의 노력으로 성취하고픈 일이 있습니다. 우리는 종종 성공감이나 실패감도 느낍니다.

따라서 어두운 밤이 우리를 좀 더 관상적인 영역으로 이끌어줄 경우 자율적인 노력의 느낌은 좀 더 강력한 수용, 의지, 환영의 느낌에 지게 됩니다. 목표는 사라지고, 욕망에 관한 단순한 기도가 그것을 대신하며, 성공과 실패는 결국 그 의미를 완전히 상실하게 됩니다. 그 경험은 사실 "해방; 하나님께 맡기는 것"과 더 비슷할 수도 있습니다. 하지만 우리 자신의 계속적인 응답은 여전히 능동적이며, 모든 이해를 초월하는 신비주의적 관계의 역동적이고 필수적인 요소입니다.

밤의 시간

요한에 따르면, 영혼의 각 차원들—외부의 감각적 측면과 내부의 정신적 측면—은 그 나름대로의 해방을 경험한다고 합니다. 그러므로 요한은 영혼의 어두운 밤을 두 개의 기본적인 영역으로 구분합니다: 감각의 어두운 밤과 정신의 어두운 밤.

감각의 어두운 밤 동안 영혼은 특별한 감각적 만족에 대한 애착으로부터 자유를 얻습니다. 또한 정신의 어두운 밤은 완고한 신념과 사고방식, 냉담한 기억과 기대, 그리고 강제적인 선택과 자율적인 선택에 대한 애착에서 영혼을 해방시켜 줍니다. 지성과 기억, 의지는 하나님을 파악할 수 없기 때문에 감각과 마찬가지로 "어두움에 싸여" 있어야 하며, 그것들이 의지하는 거짓 신들은 모두 쏟아 버려야만 합니다. 요한은 감각의 밤이란 대부분의 사람들에게 아주 일상적으로 일어나는 보편적인 것이라고 말합니다. 그에 비하면 정신의 밤은 좀 더 드물게 나타나는 것이지요.[13]

감각의 밤과 정신의 밤은 영혼의 어두운 밤에 관련된 문구입니다. 요한은 감각의 밤을 사물들이 막 흐릿해져 보이기 시작하는 황혼에 비유합니다. 그리고 정신의 밤(그는 이것을 신앙의 밤이라고 부릅니다)은 한밤중에 비유합니다. 이것은 모든 사물들이 모호해져 버린 깊은 어두움을 말합니다. 비록 그는 이런 식으로 선형적으로 설명을 하지만, 여기에는 엄격한 연속성이 존재합니다; 그것들은 서로 겹치기도 하며, 종종 동시다발적으로 나타나기도 합니다. 물론 밤의 세 번째 부분도 있지

요: 새벽의 도래.[14]

요한은 더 나아가 감각의 밤과 정신의 밤을 능동적인 차원과 수동적인 차원으로 구분합니다. 나는 이러한 구분이 점점 더 추상적인 영역으로 우리를 이끌어 간다는 사실을 깨닫습니다. 하지만 나는 이것이 요한의 사고를 이해하는 데 아주 중요하다고 생각합니다. "능동적인"과 "수동적인"이란 용어들은 어떤 것이 자기 자신의 노력 때문에 생긴 것처럼 보이느냐 아니면 은사로서 주어진 것처럼 보이느냐 하는 사람들의 감각을 반영해 주는 용어라는 사실을 잊지 말아야 하겠습니다. 앞에서도 살펴보았듯이, 실제 과정은 그저 친밀하거나 신비로운 것을 훨씬 더 능가합니다.

능동적인 밤

능동적인 밤에 사람들은 자신의 영성 여정에 참여하고 있다는 사실을 스스로 자각합니다. 그들은 의도적으로 그 과정을 더 심화시키기 위하여 자신이 할 수 있는 일들을 합니다. '감각의 능동적인 밤'은 보통 기도, 명상, 일기 쓰기, 영성 수련, 그리고 영성 지도 같은 영성 실천들과 관련이 있습니다. 더욱이, 요한은 사람들이 의식적으로 일종의 지나친 방임을 자제하려고 노력한다고 말합니다. 어쩌면 이것은 금식과 같은 금욕주의적 형태를 취할 수도 있고, 또 어쩌면 그저 단순히 운동이나 영양 섭취처럼 건전한 삶의 일부일 수도 있습니다.

'정신의 능동적인 밤'이 지니는 특성은 지성이나 기억, 의지, 상상에 적용되는 유사한 규율과 자제입니다. 여기에서 요한이 가장 기본적으로 내보이는 예는 미덕의 실천입니다. 그는 세 가지의 신학적 덕목(믿음, 소망, 사랑)이 정신을 애착으로부터 해방시켜 주는 도구라고 말합니다. 믿음은 지성을 흐릿하게 만들고 공허하게 만들며, 소망은 기억을 자유롭게 하고, 사랑은 의지를 해방시켜 줍니다.

요한의 경우, 이 덕목들의 실천은 그저 단순히 신앙심 깊게, 소망 가운데, 사랑하면서 살아가는 것의 문제가 아닙니다. 물론 그런 시도도 다분히 하게 되겠지만, 그런 시도들은 우리를 현재의 애착으로부터 해방시켜 주는 것이 아니라 오히려 더 강화시켜 줄 소지가 다분합니다. 그 혼한 예로, 어떤 사람은 옳은 일만 믿고 행함으로써 지나치게 빈틈없고, 심지어는 강박감에 사로잡힌 사람이 될 수도 있습니다. 그리고 이런 사람들은 사랑을 위한 자유보다는 좀 더 심각한 자기-몰두 쪽으로 나아갈 수가 있습니다. 그렇기 때문에 요한은 절제를 권합니다. 요한은 신념이나 행위의 습관들을 좀 더 많이 형성하기보다는 차라리 지성과 기억과 의지─그저 하나님의 실재를 대신하는 것들을 간직하고만 있을 뿐인─가 점점 그 내용물을 완전히 '비워 버릴' 수 있기를 원합니다. 결국 요한은 온갖 통찰과 개념, 이미지, 그리고 심지어는 영감에 따른 착상까지도 냉정한 태도로 대해야 한다고 주장합니다. 그것들이 아무리 거룩하고 심오해 보일지라도 말입니다. [15]

감각의 능동적인 밤과 정신의 능동적인 밤은 둘 다 자제의 훈련과 연관이 있으며, 자기 자신을 감각적, 지적, 정신적 만족이나 그 밖의 다른 만족들로 채우려는 일상적인 습관을 뒤엎고자 하는 노력과도 연관이 있습니다. 두 가지의 능동적인 밤은 덧셈이 아니라 뺄셈, 복잡화가 아니라 단순화, 채우기가 아니라 비우기, 축적이 아니라 양도를 향한 움직임입니다.

요한은 능동적인 밤에 참여하는 최선의 방책은 자신의 십자가를 지고서 자신의 힘이 닿는 데까지 그리스도를 본받는 것이라고 말합니다. 이것은 예수의 외면적 행동을 따르는 것뿐만 아니라 자기를 비우는 예수의 내면적 태도와 의지를 따르는 것까지 포함합니다. 요한은 그리스도를 모델로 삼아, 해방은 이해나 어떤 인식이나 하나님 형상으로부터 오는 것이 아니라 오로지 이 모든 것들을 완전히 비우는 데서 온다고 강조합니다. 따라서 오직 사랑의 "완전한 순수"만이 인간 영혼을 통하여 빛나게 됩니다.[16]

요한의 능동적인 밤 설명이 그의 저서들 가운데 가장 유명한 책에 실려 있다는 사실은 무척 슬픈 일이라는 생각이 듭니다. 스페인 외부 사람들은 그의 시보다 영성훈련에 관한 논의들에 더 익숙해져 있습니다. 그는 이렇게 말합니다: "모든 일에서 완벽하게 여러분 자신을 부인해야만 합니다." 다음과 같은 인용문은 흔히 볼 수 있습니다:

> 모든 것에서 만족을 얻으려면
>
> 아무것에서도 만족을 찾지 마라.
>
> 모든 것을 소유하려면
>
> 아무것도 소유하지 않기를 원해라.
>
> 모든 것이 되려면
>
> 아무것도 되지 않기를 원해라.
>
> 모든 것을 알고 싶으면
>
> 아무것도 모르기를 원해라.[17]

이 말들은 약간 귀에 거슬리긴 하지만, 사람들에게 뭔가 '해야 한다'는 것을 암시하기 때문에 그 동안 많은 이들의 관심을 차지해 왔습니다. 전후 문맥을 고려하지 않고 이 격언만 따로 떼어 읽자면, 우리가 충분한 노력을 기울일 때에만 비로소 우리의 영성적인 운명을 통제할 수 있다는 말로 받아들여질 수 있습니다. 요한이 엄격하고 생명-거부적인 금욕주의자라는 부당한 평판을 받게 된 것도 따져보면 이런 부분을 강조하는 해석 때문입니다; 사실, 그런 식의 글은 그의 저서에서 극히 일부분에 지나지 않습니다. 요한도 테레사도 영성 생활의 능동적 측면에는 비교적 관심을 기울이지 않는 편입니다. 그들은 경험을 통해서, 우리 자신의 자발적인 노력으로는 그리 많은 것을 성취해 내지 못한다는 사실을 잘 알고 있기 때문입니다. 그들은 수동적인 차원, 곧 우리 자신의 의지나 의도를 초월하는 것처럼 보이는 것, 하나님이 우리 안에서 역사하시는 것에 훨씬 더 많은 관심을 기울입니다.

요한의 저서들 가운데서 가장 잘 알려져 있는 금욕주의적 저술은, 위의 인용문이 실려 있는 〈카르멜 산을 오르며〉 *Ascent of Mount Carmel* 의 제1권 제13장입니다. 그 다음으로 잘 알려진 저술은 바로 다음 장에서 소개하게 될 것입니다; 요한은 이 모든 노력이 아무 소용없다고 아주 분명하게 말합니다. 우리 힘만으로는 결코 해낼 수가 없습니다. 우리는 하나님이 우리 안에 "좀 더 심오하고, 좀 더 긴급한 갈망"을 심어 주시지 않을 경우, 여행을 시작하는 일조차도 할 수 없습니다. "모든 것의 어두움 속에 거할 수 있는 용기"를 얻기 위해서는 좀 더 많은 은총이 필요합니다. 그래서 수동적인 밤이 다가오는 것이지요.[18]

수동적인 밤

우리 자신을 스스로 해방시킬 수 없다는 말은 쉽게 이해가 가는 말입니다; 삶 자체가 우리에게 그 사실을 가르쳐 줍니다. 그렇지만 그것은 우리 모두가 잊으려고 결심한 것 같은 교훈이기도 합니다. 지금 이 순간조차도 나는 평생에 걸친 자기 개선의 실패를 뒤로 하고 여전히 노력 중입니다. 내 자신에게 뭔가 나쁜 습관이나 성격의 결함이 있다고 느껴지는 그 순간, 나는 그것을 내 손 위에 올려놓고 '내 스스로' 고쳐보려고 노력합니다. 이런 시도가 어느 정도 성공을 거둔 때도 물론 있기는 있었겠지만, 내 삶을 돌이켜보건대 지금 기억나는 것은 한 가지도 없군요. 난 언제나 실패를 거두었고, 그때서야 비로소 나 혼자만의 힘으로는 불가능하다는 사실을 인정하곤 했습니다. 노력을 포기한다는 것은 그다지 쉬운 일이 아닙니다. 우리 인간은 본성적으로 자기 자신의 자발적인 노력과 절제를 통하여 모든 일에 만족을 누리도록 노력하는 존재이기 때문입니다. 특히 생의 휴식 기간에 영성적인 성취를 추구하는 경우는 정말로 그렇습니다. 우리는 "가서 하나님을 뵙게 해달라"고 간청할 수도 있습니다. 하지만 우리가 자기 자신의 노력을 완전히 포기할 정도로 지쳐 버릴 때까지는 절대 그런 일이 벌어지지 않습니다. 우리 안에는 냉엄한 의지가 들어 있어서, 우리가 무능력과 실패 때문에 완전히 무릎을 꿇기 전까진 좀처럼 사그라지질 않습니다.

요한의 비전 가운데서, 우리의 거듭된 실패 그 폐허 위로 하나님의 은혜가 흐르고, 우리의 의지를 온건하게 만들고, 우리 힘으로는 결코 갈 수 없는 곳까지 우리를 이끌어 주는 것은 바로 수동적인 밤 동안입니다. 또한 어두운 밤을 고난과 연결 짓게 만드는 우리 자신의 아픔과 상실이 또렷하게 드러나는 것 역시 수동적인 밤 동안입니다. 나아가 진정한 해방이 일어나는 시간도 바로 수동적인 밤 동안입니다. 나머지는 모두 기껏해야 준비 기간에 지나지 않습니다.

요한의 말에 따르면, '감각의 수동적인 밤' 동안에, 하나님은 우리 스스로가 소유와 관계, 감정, 행동으로부터 만들어 낸 우상들에게서 우리를 해방시켜 주십니다. 앞에서 살펴본 밤의 모든 과정들처럼, 이 신적인 해방 역시 우리에게는 모호한 방식으로 일어납니다. 어떤 때에는 그것을 내적인 기분전환이나 해방으로 경험할 수도 있습니다. 또 어떤 때는 우리가 집착하고 있는 뭔가가 우리에게서 멀리 떨어져 나가는 듯한 느낌을 받기도 합니다. 어쨌든 자유는 오직 포기를 통해서만 옵니다. 실제적인 경험은 기쁜 해방이나 비탄의 이별처럼 느껴질 수도 있겠지만, 보통은 너무나도 심오한 경험이어서 우리가 전혀 모르고 지나칠 때가 많습니다. 그래도 이것 한 가지만은 확실합니다: 자유의 과정은 '뺄셈'에 속한다는 것이지요—우리는 시작했던 그 순간보다 좀 더 공허한 상태로 남게 됩니다.

기도는 이 삶의 휴식 기간과 결코 떼어놓을 수 없는 요소입니다. 그러기에 감각의 수동적인 밤은 우리의 영성적인 활동과도 비슷한 변화를 가져옵니다. 위로와 평화로 가득 찼던 기도가 이제는 공허하고 메말라 보입니다. 찬양과 경배, 그 밖의 모든 교회 활동들이 이제는 예전만큼이나 보람찬 일 같아 보이지 않습니다. 기도, 명상, 일기쓰기, 영성적인 독서 등 일상의 "능동적인" 활동들을 계속 유지해 나가기가 너무나도 힘이 듭니다. 예전에는 그토록 많은 충족감을 안겨 주었던 영성적 활동들에도 이제는 전혀 관심이 가지 않습니다. 심지어는 그토록 의지했던 하나님의 형상까지도 이제는 점점 그 의미를 잃어갑니다.

그 동안도 이 과정은 내내 모호하게 진행됩니다. 우리는 자신이 지금 겪고 있는 변화가 자기를 좀 더 많은 자유와 좀 더 완전한 사랑으로 이끌어 주고 있다는 사실을 전혀 이해하지 못합니다. 오히려 우리가 가장 일반적으로 보이는 반응은 자기-불신입니다. 우리는 매순간마다 자신의 영성적인 생활을 책임져야 한다고 생각하기 때문에, 우리가 가장 먼저 보이는 반응은 언제나 "내가 뭘 잘못하고 있는가?" 입니다. 상실감, 혼란스러움과 뒤섞인 이 자기-불신은, 우리가 왜 감각의 수동적인 밤을 종종 불쾌한 것으로 느끼게 되는지, 우리가 왜 그것을 자기 스스로 선택하여 통과하고 싶은 영역은 결코 아니라고 생각하게 되는지를 잘 설명해 줍니다. 그럼에도 불구하고, 나는 그 경험이 어떤 측면에서는 즐거울 수도 있다는 사실을 반복해서 강조하고 싶습니다. 자기 일이나 관계에 대한 의존도를 완화시키는 것은 종종 자유로운 느낌을 안겨주기도 합니다. 심지어는 자신의 습관적인 영성적 활동들을 상실하는 것도—특히 그 활동들을 습관적으로 또는 의무적으로 지속해 온 사람이라면—무거운 짐을 벗어버린 듯한 느낌을 안겨 줍니다. 그러나 즐거운 경험이든 불쾌한 경험이든 간에, 모든 경험들은 '상실' 과 연루되어 있으며, 언제나 어느 정도의 공허감을 느끼게 되어 있습니다.

요한이 보듯이, '정신의 수동적인 밤' 은 영성적인 재능(지적 능력, 기억력, 의지력)을 비워 가는 해방의 과정입니다. 정신의 수동적인 밤은 신념과 이해, 꿈, 기대에 대한 완고한 집착으로부터, 그리고 습관적이고 강박적인 사랑을 베풀고 올바르게 행동하려는 집착으로부터 자유롭게 해줍니다. 내 경험에 비추어 보건대, 정신의 수동적인 밤 동안에 성취할 수 있는 가장 보편적인 변화는 바로 자신이 하나님으로부터, 다른 사람들로부터, 그리고 나머지 창조물들로부터 떨어진 별개의 존재라는 믿음이 희미해진다는 것입니다. 이제 사람들은 자신이 모든 것들 '과 동떨어진' 존재가 아니라 모든 것들 '의 일부' 라고 느끼게 됩니다. 그러한 완화는, 엄하게 지켜오던 습관적 신념이나 개념들에도 역시 발생합니다.

다시 말해서, 우리는 포기를 평온한 내적 휴식이나, 또는 자신이 이제껏 사랑했던 것들로부터 좀 더 냉엄하게 이별하는 것으로 경험할 수 있습니다. 아마도 "그리스도인이 아닌 사람은 누구나 다 지옥에 떨어질 운명이다" 또는 "춤은 죄악이다" 등의 종교적 신념에 매여 있었던 사람도 있을 것입니다. 그런 사람은 시간이 흐르면서 그러한 태도가 내적으로 미묘하게 약화되는 것을 경험할 수 있습니다. 그러다가 어느 날인가부터 그런 신념들이 더 이상 진실로 여겨지지 않게 되는 것이지요. 아니면 삶의 상황이 좀 더 극적인 방식으로 그런 신념과 반대되는 방향으로 흘러갈 수도 있습니다. 내 대학동창 가운데 한 명은 열렬한 그리스도교 과학자인데, 그는 언제나 의료행위에 대해서 장광설을 늘어놓는 바람에 사람들이 멀리하던 친구였습니다. 그러던 그가 어느 멋진 소녀와 사랑에 빠졌는데, 그 소녀는 의예과 과정의 학생이었습니다. 그의 "신념의 위기"는 매우 고통스러웠고, 결국 그는 그 소녀와 결별을 하고 말았습니다. 하지만 그 후로 그는 자기와 다른 신념을 가진 사람들을 설득시키는 일에 전보다 훨씬 덜 집착하게 되었습니다.

우리는 자신의 신념과 개념에 집착할 뿐만 아니라, 자신의 꿈과 기대에도 집착합니다. 그 명백한 예를 하나 들면, 관계를 맺고 있는 두 사람의 경우, 한 쪽은 다른 한 쪽이 난폭한 행동을 변화시키기를 간절히 기대합니다. 이런 경우, 애착은 난폭하게 행동하는 사람이 아니라, 그 사람이 변화되었으면 하고 바라는 이상화된 모습에 있습니다. 그러한 꿈은 좀처럼 사라지지 않습니다. 결국 사라진다 하더라도, 자신이 받은 자유의 선물을 인정하기까지는 오랜 시간이 걸릴 수 있습니다. 한 가지 예를 더 들어볼까요? 어떤 사람들은 자라나는 과정에서 자신의 신념과 정의가 자신에게 건강과 행복, 심지어는 부귀까지도 안겨 준다고 믿게 됩니다. 그러나 조만간 삶은 그들에게 전혀 다른 경우를 가르쳐 줍니다. 그런 경우 처음에는 그들도 보편적인 질문을 던지게 됩니다: "내가 어디서 잘못을 저질렀지?" 나중에야 그들은 좀 더 실제적인 견해—영성적인 삶은 결코 자기 자신의 피상적인 욕망을 실현하기 위한 수단이 아니라는 사실—를 발달시키게 된 데 대해서 감사하게 됩니다.

정신의 수동적인 밤의 좀 더 심오하고 감동적인—그리고 보편적으로 좀 더 고통스러운—차원은 하나님과의 관계에 대한 사람들의 습관적인 감각과 관련이 있습니다. 종종 혼란스럽기는 하지만 그다지 고통스럽지 않은 일반적인 경험에서는 "하나님"이라는 단어가 그 의미를 상실합니다. 예전에는 낯익은 이미지와 느낌을 안겨 주었던 그 단어가 이제는 부적절하고 심지어는 그릇된 것처럼 느껴지기까지 합니다. 그리고 그 대신 우리를 만족시켜 줄 수 있는 것도 전혀 없는 것처럼 보입니다. 사람들은 경험을 통하여 요한과 테레사가 거듭 확신하고 있는 사실을 알게 됩니다: 어떠한 단어도, 심지어는 신의 이름까지도, 그 실재를 적절히 묘사할 수 없다는 사실을 말이죠.

훨씬 더 우리를 심란하게 만드는 경험 한 가지는 하나님의 존재에 대한 감각을 상실하는 것입니다. 이러한 경험은 종종 하나님에게서 버림받았다는 느낌을 갖게 합니다. 대부분의 사람들은 하나님이 자신의 삶속에 존재하신다는 지속적이고도 끊임없는 감정에 익숙해져 있습니다. 그러다가 그 존재가, 둘 사이가 멀어진 듯한 느낌을 받게 됩니다. 이런 느낌은 자녀나 배우자, 또는 그 밖의 사랑하는 사람들과의 관계에서 더자주 발생합니다. 그리고 이런 느낌은 본질적으로 교회나 집 밖의 특별한 장소에서 발생하기가 쉽습니다. 또한 이 느낌은 너무나도 미묘해서도저히 말로 설명할 수 없는 경우가 훨씬 더 많습니다. 그러나 어떤 형태이든지, 이것은 지각과 분별이 가능한, 아주 의미 깊은 것입니다. 그러다가 어느 순간에 사라지고 말지요.

그 당시에는 우리가 그것을 깨닫지 못할지라도, 습관적인 하나님 감각은 어두운 밤 동안에 사라지고 맙니다. 그 기간에 우리가 습관적인하나님 의식에 대한 집착을 포기하게 되기 때문입니다. 우리는 하나님에 관한 우리의 이미지와 느낌을 우상화시켜 놓고서, 그것들이 대표하는 진짜 하나님보다도 그것들 자체에 더 많은 의미를 부여합니다. 이것은 신에 관한 온갖 이미지와 감각에 모두 다 해당되는 말입니다. 예를들면, 어떤 사람들은 하나님에 대하여 멀리 계시고, 엄격하고, 비판적인분이시라는 지속적인 이미지를 지니고 있습니다. 또 어떤 사람들은 하나님이 절대적으로 자신들의 운명을 통제하신다고 느낍니다; 그들은자신의 운명에 대하여 할 말이 전혀 없습니다. 또 어떤 이들은 정반대의 느낌을 갖기도 합니다: 만일 하나님이 계시다면, 그 하나님은 자기들이 스스로의 힘으로 꾸려나갈 수 있도록 그냥 내버려 두시는 분이라고 말입니다. 또 어떤 이들은 하나님은 사랑이 넘치는 존재, 위로가 되며 기운을 돋워 주긴 하지만 정적인 존재, 결코 도전이나 위험을 불러오지 않는 존재라는 확고한 감각을 지니고 있기도 합니다. 하나님에 대한 그렇게 완고한 감각들은, 어떤 특별한 형태를 취하든지 간에, 이해할 수 없는 신적 실재에 대한 우리의 개방성을 제한하는 것임이 틀림없습니다.

정신의 수동적인 밤은 그러한 기대에 대한 우리의 집착을 완화시켜 주고, 우리가 하나님의 존재를 좀 더 하나님의 뜻대로 받아들일 수 있도록 도와줍니다. 이 과정은 어두운 밤에 일어나는 다른 변화들과 마찬가지로, 때로 기쁜 해방처럼 여겨질 수가 있습니다; 우리가 낡은 습관들을 내던지는 그 순간 새롭고 밝은 가능성의 전망이 열리는 것이지요. 그럼에도 불구하고, 이 과정은 신앙의 토대까지 뒤흔들리는 듯한 느낌을 받을 때가 더 많습니다. 그런 경험이 어느 정도까지 우리를 황폐시키는가는 쉽게 알아볼 수 있습니다. 하나님과 깊은 사랑에 빠진 사람들은, 하나님의 존재에 대한 습관적인 감각을 상실하게 될 경우, 인간의 사랑을 상실한 것보다도 훨씬 더 지독하게 버림받은 느낌을 받게 됩니다. 여기에서 다시 말하면, 사람들은 그 원인이 자신의 잘못에 있다고 생각해 버리기가 쉽습니다; 그들은 자신이 너무나도 큰 잘못을 저질렀기 때문에 신적인 연인이 사라져 버렸다고 생각합니다. 그리고 이러한 상실과 더불어, 기도나 그 밖의 영성 실천들에서도 권태와 공허가 찾아올 때, 그래서 더 이상 그런 활동들을 해야 할 동기가 부족할 때, 그들은 쉽사리 다음과 같은 의문을 갖게 됩니다: "내가 더 이상 무엇을 믿는 거지? 내가 무엇을 걱정하는 거지?"

영성 생활이 뿌리째 흔들리는 듯한 느낌을 받을 때에는, 지금 진행되고 있는 일들이 사실은 해방의 은혜로운 과정이며, 낡고 제한된 습관을 버리고 사랑을 향한 새로운 개방의 여지를 만들어 가는 과정임을 좀처럼 믿을 수가 없습니다—그런 생각을 갖는다는 것 자체도 거의 불가능하죠. 하지만 나는 자신들의 경험을 통하여 이러한 지혜를 어렴풋이나마 알아챘던 사람들을 몇몇 알고 있습니다. 그들 가운데에는 "믿음 안에서 나를 단련시킬 시간이야"라고 말하는 사람도 있었고, 그저 "하나님께서 날 단념시키시려고 그러시는 거야"라고 말하는 사람도 있었습니다. 이 사람들은 그 당시 벌어지고 있는 일들에 대하여 전혀 슬퍼하거나 분노하지 않았습니다. 이들은 그것이 상실이라는 점은 인정했지만, 자신이 잃은 것은 하나님이 아니라 단지 자신의 뚜렷한 하나님 감각이라는 점을 대강 알고 있는 것 같았습니다.

바로 거기에 지혜가 들어 있습니다. 테레사와 요한은 둘 다 말하기를, 우리는 자기 자신의 하나님 '에 관한' 느낌에 너무 집착한 나머지, 그것들을 하나님 '과' 동일시해 버리기가 쉽다고 합니다. 우리는 이 느낌이 그저 신적인 존재에 관하여 우리에게 들려주는 여러 가지 이야기들 가운데 하나라는 사실을 곧잘 망각해 버리곤 합니다. 그것들은 단지 메신저일 뿐입니다. 그럼에도 불구하고, 우리는 그것을 하나님 자체인 양 받아들이고, 급기야는 우리 자신의 느낌을 숭배하게 됩니다. 이것은 아마도 영성 생활에서 가장 보편적인 우상 숭배일 것입니다.

나는 아주 어린 아이와도 같은 하나님에 관하여 내가 거의 지속적인 느낌을 지녀왔다는 사실을 기억합니다. 그 느낌은 내가 나이를 먹고 다른 일들이 내 관심을 차지하게 되면서부터 점점 희미해졌습니다. 아주 나중에, 나 자신의 의도적인 "영성 순례"를 시작한 다음에야 비로소 나는 그 지속적인 친구 사이의 느낌을 얼마나 오랫동안 놓쳐 버리고 살았는지 깨닫게 되었습니다. 나는 기도와 명상을 통하여 그 느낌을 되살리려고 애썼습니다. 그 느낌을 되찾게 해달라고 기도 드렸습니다. 그리고 나는 다른 사람들을 통하여, 자연을 통하여, 그리고 다른 많은 중재적 방법들을 통하여 성령을 체험하였습니다. 하지만 내가 정말로 고대했던 것은 직접적이고 명백한 관계에 대한 즉각적이고도 직접적인 nonmediated, immediate 예전의 느낌이었습니다. 나는 거의 25년 동안이나 그것을 추구하고 기도하였습니다. 그러다가, 암 때문에 화학치료를 받고 그 결과 몸이 아주 안 좋았던 순간에 그것은 드디어 내게로 돌아왔습니다. 그 후로 계속해서 이 존재감은 나를 떠나지 않았습니다. 나는 언제 어디서든 그 존재감을 느낄 수 있습니다. 내가 해야 할 일이 있다면, 그것은 단지 내 관심을 그쪽으로 돌리는 것뿐입니다. 나는 그것을 사랑하며, 그것을 잃는다는 것은 생각만 해도 정말 끔찍합니다. 그것은 내 오랜 기도에 대한 응답이었습니다. 그러나 나는 그것이 결코 하나님은 아니라는 사실을 잘 압니다. 그것은 단지 하나님 '에 대한' 하나의 느낌일 뿐이지요. 그것을 우상화시킬 생각은 추호도 없습니다. 그렇다고 해서 그걸 내던져 버려야 한다고 생각하지도 않습니다. 만일 어느 시점에 이르러 다시 그것을 상실하게 된다 하더라도, 나는 부디 하나님에 대한 아무런 느낌도 없는 상황에서 계속 하나님을 신뢰할 수 있을만한 지혜가 내게 주어지기를 바랄 뿐입니다.

변화

밤 시간은 결코 직선적인, 순서적인 발달 과정이 아니라는 점을 다시 한 번 말하고 싶습니다. 요한은 밤 시간을 명백함을 향한 길로 묘사하지만, 실제 생활에서 밤 시간은 자주 겹치고, 뒤섞이며, 심지어는 테레사가 강조한 것처럼 "종종 처음으로 되돌아가기까지" 합니다.[19]

그러므로 정신의 밤은 감각의 밤이 다 지나갈 때까지 기다리지 않습니다─아마도 그런 일은 결코 일어나지 않을 것입니다! 마찬가지로, 수동적인 밤 역시 능동적인 밤이 끝날 때까지 기다려 주지 않습니다. 사실 우리는 다양한 차원의 밤이 '언제나' 우리 삶 속에 공존한다고 생각해도 됩니다. 하나님은 언제나 우리 안에서 모호한 방식으로 역사하십니다. 좀 더 신비스러운 일은, 우리 대부분이 하나님의 초대에 화답하여 가기 싫은 곳까지도 기꺼이 가고 있다는 것입니다.

이런 측면에서 볼 때, 영혼의 어두운 밤은 한 번 지나가고 마는 그런 사건이 아닙니다. 영혼의 어두운 밤은 우리의 영성 생활을 특징짓는 심오하고도 지속적인 과정입니다. 이런 의미에서, 어두운 밤은 한 사람과 하나님 사이의 숨겨진 삶 '입니다.' 요한은 이 사건을 좀 더 확대하여, 밤은 그저 하나님 한 분의 활동이 아니라고 말합니다; 그것은 바로 하나님 '입니다.' 그는 다음과 같이 말합니다: "어두운 밤은 하나님께서 영혼 속으로 흘러들어 오시는 것입니다."[20]

현대 요한 신학의 카르멜회 권위자, 콘스탄스 핏제랄드는, 이 신적인 유입이 "하나님의 사랑 넘치는 지혜"라고 말했던 요한의 주장을 지적합니다. 특히 그녀는 이것이 지혜로, 그리고 신적인 소피아로 예수 그리스도께서 능동적으로 현존하시는 것이라고 말합니다. 그러므로 "어두운 밤은 기본적으로 힘든 상황이나 비참한 정신 상태 같은 비개인적인 '그 무엇,' 어두움이 아니라, 한 인간의 정신과, 결과적으로는 그 인간의 온 생애에 지울 수 없는 흔적을 남기는 '그 누구,' 실재입니다."[21]

밤의 모호함 속에서 우리는 그 흔적이나, 흔적을 남기는 실재에 대하여 인식하지 못할 수도 있습니다. 그러나 점점 자유로워지면서 우리는 새벽을 희미하게나마 점점 더 인식하게 되며, 우리 삶의 이 심오한 흐름을 점점 더 또렷하게 인식하게 됩니다. 하지만 그 때에도 신비로움은 여전히 남아 있습니다. 요한은 가장 명료한 순간조차도 여전히 우리의 "가장 깊숙한 중심부"에는 성령님께서 "비밀스럽게 홀로 거하시는" 장소, "악마도 지식도" 결코 방해할 수 없는 숨겨진 장소가 있다고 강조합니다.[22]

그런데 지식은 사실 이것을 방해할 수가 있습니다. 내 경우만 해도, 이제껏 매우 여러 번 내 영성 생활의 어떤 미묘한 부분, 어떤 경험이나 통찰을 발견하였습니다. 그리고 내 정신은 그것을 움켜쥐고 뭔가를 해보려고 하였습니다. 따라서 우리가 아무런 간섭도 받지 않고 뭔가를 인식할 수 있는 관상적 능력을 익힐 때까지, 아니면 그런 능력을 받을 때까지, 가장 소중한 것들은 숨겨진 채로 남아 있어야만 합니다.

하지만, 우리는 우리 안에서 벌어지는 심오한 영성적 흐름을 간헐적으로 흘깃 보거나 성찰하는 것을 진짜로 체험하기도 합니다. 때때로 우리는 하나님에 대한 자신의 욕망이나 진선미에 대한 자신의 갈망을 인식하게 될 수도 있습니다. 우리는 어떤 애착을 버리는 데서도 안도감이나 또는 슬픔을 느낄 수가 있습니다. 우리는 자기에게 주어진 이 삶에 대한 단순한 감사에도 시시각각으로 압도되곤 합니다. 그러나 이러한 경험들은 그저 피상적인 물결에 지나지 않습니다. 우리 의식 저 밑바닥에 흐르는 우리 영혼의 심오한 흐름을 암시해 주는 단순한 힌트에 지나지 않는 것입니다.

이런 점에서, 나는 우리가 영혼의 어두운 밤을 통과했노라고 말할 때의 의미를 새로운 방식으로 고려해 볼 수도 있다고 생각합니다. 개인적인 관점에서 보면, 어두운 밤은 그저 상실이나 황량함 같은 경험을 이야기하는 것일 수 있습니다. 때로는 전적으로 우리 삶의 힘든 시기를 가리키는 것일 수도 있습니다. 은총이나 해방을 전혀 인정하지 않으면서도 감사함이 느껴진다면, 그것은 순전히 구원을 받았기 때문입니다. 또 때로는, 유쾌한 경험이든 불쾌한 경험이든 간에, 그 경험이 은총의 선물(자기-인식, 하나님께 가까이 갔다는 느낌, 심오한 믿음과 신뢰감)을 전달해 주기 위한 것이었다는 강하게 인식하기도 합니다. 그런 때는 그런 경험을 하게 된 데 대한 감사를 느낄 수도 있습니다. 비록 그것을 결코 되풀이하기가 싫더라도 말입니다. 다른 많은 사람들처럼, 나 역시 암과 화학치료의 경험에 대하여 이런 식의 느낌을 가졌습니다. 난 절대로 그 경험을 놓치지 않을 것입니다. 하지만 그것을 다시 한 번 경험하고픈 생각은 전혀 없습니다.

요약

여기에서 나는 어두운 밤이 어떤 식으로 애착을 제거함으로써 욕망을 해방시키는가에 대하여 중점적으로 논의하였습니다. 이로 인한 즉각적인 결과는 인간의 자유 확대입니다. 그러나 자유는 결코 그 자체가 목적이 아닙니다. 그것은 그저 어떤 것 '으로부터의' 자유가 아닙니다; 그것은 동시에 어떤 것을 '위한' 자유이기도 해야 합니다. 영성 생활에서 자유란 바로 사랑을 가리키는 것입니다. 인간은 사랑 때문에 존재하며, 우리가 살아가는 의미와 목표도 바로 사랑입니다. 그리스도교적인 이해에 비추어 볼 때, 영성 생활에서 우러나온 것들은 모두 두 가지의 위대한 명령, 곧 완전히 자유로운 방식으로 하나님을 사랑하고 이웃을 사랑하라는 명령의 점차적인 완수를 가리킵니다. 애착으로부터의 해방은 이 목표의 한 가지 수단에 불과한 것입니다.

여행의 절정, 곧 밤이 지난 다음의 새벽을 경험한다는 것은 곧 이제까지 언제나 존재해 왔던 하나님과의 연합을 깨닫는 것을 가리킵니다. 요한은 이러한 연합의 깨달음을 가리켜 사랑의 충만함 '이라고' 부릅니다—그러므로 사람의 욕망은 하나님의 욕망과 구별하기가 불가능합니다. 요한은 영혼의 감각적 차원과 정신적 차원 사이의 '위대한 조화' 와 더불어 하나님께 이렇게 고합니다: "주님께서 원하시는 것을 저도 원합니다. 주님께서 원하시지 않는 것은 저도 원치 않으며, 원할 수도 없고, 그런 것은 마음에 품지도 않을 것입니다."[23]

자유와 깨달음을 향한 여정에서는 다른 많은 변화들도 생겨납니다. 욕망 그 자체도 변합니다. 12세기 대수도원장이었던 영성 작가, 성 버나드*St. Bernard of Clairvaux*는 이러한 변화가 발생하는 한 가지 방법에 대하여 이렇게 설명합니다. 그에 따르면, 우리는 보통 자기 자신의 의지에 따라 만족감과 성취감을 추구하는 데서부터 출발한다고 합니다. 그리고 이것을 가리켜 그는 "자기 자신을 위한 자기 사랑"이라고 일컫습니다. 그러나 삶이 우리에게 이것은 결코 효과가 없다는 사실을 가르쳐 주면, 우리는 그제야 하나님, 좀 더 높으신 분께로 고개를 돌려 은총을 통하여 주어지는 위로를 추구하게 됩니다. 그리고 이것을 가리켜 버나드는 "자기 자신을 위한 하나님 사랑"이라고 일컫습니다. 그러다가 결국에 가서 우리는 자신이 하나님의 위로가 아니라 위로를 주시는 하나님 그 자체를 사랑하게 되었음을 깨닫게 됩니다. 버나드는 이것을 "하나님을 위한 하나님 사랑"이라고 부릅니다. 버나드는 이러한 사랑의 분위기 속에서 우리가 마침내 자기 자신이 얼마나 사랑스러운 존재인가를 깨닫기 시작한다고 말합니다. 그리고 이것을 "하나님을 위한 자기 사랑"이라고 부릅니다.[24]

테레사가 특히 강조하는 또 하나의 발달 경로는 자기-지식의 영역에서 일어납니다. 사람들은 자기 자신의 진정한 본성을 점점 더 명료하게 보게 됩니다. 밤의 경험 순환이 시작될 때에는, 자신이 보잘것없고 이기적인 존재라는 사실을 직면함에 따라, 자기-지식은 종종 고통스럽게 다가옵니다. 그러나 버나드가 예측한 것처럼, 새벽이 가까워짐에 따라 우리는 자기 내면의 선함과 아름다움을 점점 더 확실하게 깨닫게 됩니다. 테레사는 이렇게 말합니다: "나는 이제까지 영혼의 아름다움과 비교할 수 있을만한 것을 아무것도 발견하지 못했습니다……우리는 영혼의 위대한 존엄성과 아름다움을 결코 말로 설명할 수가 없습니다." 요한은 자각된 합일 속의 영혼 경험에 대하여 설명하려고 애쓰는 가운데 다음과 같이 말합니다: "영혼은 자기 자신을 여왕이라고 생각합니다."[25]

밤의 여정을 지나는 사이, 우리는 그 여정의 모든 측면에서, 자발적인 노력―모든 것을 다 통제하고 관리하기 위한 무서운 노력―에 대하여 점점 더 안이한 느낌을 갖게 됩니다. 그리고 그 노력 대신에, 사람들은 기꺼이 하려는 마음도 점점 더 생기고 두 팔을 벌려 환대하는 듯한 느낌의 '수용성' ^{receptivity}도 점점 더 증가하는 것을 발견하게 됩니다. 이렇듯 기꺼이 하려는 마음과 수용성은 기도 시간에 가장 뚜렷하게 느낄 수 있습니다. 기도를 하는 동안 명상 작업이 마음을 편안하게 해주고, 관상의 충만한 개방성이 시작되기 때문입니다.

테레사와 요한, 그리고 그 밖의 여러 영성 작가들이 "관상" ^{contemplation}이라는 단어를 사용하는데, 이 때 그들이 의미하는 바는 생각하는 것이나 계획하는 것이나 검토하는 것을 의미하는 대중적이고 세속적인 뜻과 상당히 차이가 있습니다. 기도의 맥락에서 볼 때, 관상은 언제나 순전한 은총의 선물이라는 성스러운 특성을 지닙니다. 이 단어는 "함께" ^{with}를 의미하는 라틴어 컴 ^{com}과 "성전" ^{temple}을 의미하는 라틴어 템플룸 ^{templum}에서 비롯된 것입니다. 명상으로부터 관상을 향한 발걸음 발걸음마다, 우리는 진정으로 성스러운 땅에 서 있는 자신을 발견하게 됩니다.

제 4 장

성전과 함께
명상과 관상

기도는 영혼의 진지한 욕망입니다.

말로 표현하든 안 하든 간에;

기도는 가슴속에서 흔들거리고 있는

숨겨진 불의 움직임입니다.

—제임스 몽고메리[1]

　그러므로 우리가 이제껏 논의해 온 대부분의 변화는, 우리의 삶 속에서 총체적으로 일어나는 것입니다. 어두운 밤의 과정은 우리가 좀 더 풍요롭게 서로 사랑하면서 살 수 있게 해줌으로써 우리의 애착에 대한 속박을 느슨하게 해줍니다. 어두운 밤의 과정은 하나님의 실재에 대한 우리의 신뢰감을 더 깊게 해주고, 삶과 우리 자신의 본질적인 선함에 대한 신뢰감도 더 강하게 만들어 줍니다. 어두운 밤의 과정은 우리를 좀 더 공허한 상태—출발할 때보다 좀 덜 알고, 좀 덜 가진 상태—로 남겨 둡니다. 그리고 이러한 공허는 우리를 감히 상상도 못했을 정도로 자유롭게 만들어 줍니다.

우리의 삶 속에서 이러한 변화가 총체적으로 일어나는 동안, 기도의 경험에서도 비슷한 변화가 발생합니다. 이것은 좀 더 내적인 차원의 변화로서, 테레사와 요한의 가르침 가운데 대부분이 바로 이것을 설명하기 위한 것입니다.

기도의 체험

요한과 테레사는 명상과 관상 간의 과도기에 대하여 둘 다 풍부한 통찰을 제공해 줍니다. 그러나 나는 테레사의 통찰이 좀 더 접근하기가 쉽다고 생각합니다. 요한과 달리, 테레사는 자기 자신의 개인적인 경험을 자주 언급합니다. 이러한 언급 덕택에 우리는 그녀의 통찰을 좀 더 공감할 수가 있습니다. 비록 테레사는 추상적이고 분석적인 사람이 되기 위하여 최선을 다했지만, 그 방면에서 요한만큼 성공을 거두지는 못했습니다. 그녀의 설명은 좀 더 세속적이고 실제적인 경향을 띠고 있습니다. 이런 이유 때문에, 나는 주로 기도의 경험에 대한 테레사의 설명에 초점을 맞추게 될 것입니다. 그리고 다음 장에서 표징과 정신에 관하여 논의할 때에는 요한의 사상으로 다시 돌아갈 것입니다.

요한이 감각의 어두운 밤과 정신의 어두운 밤을 능동적인 차원과 수동적인 차원으로 구분하는 것처럼, 테레사 역시 기도를 능동적인 범주와 수동적인 범주로 구분합니다. 이러한 구분의 미묘한 차이를 명심하십시오—이것은 그저 "내가 한다"와 "하나님께서 하신다"의 단순한 구분이 결코 아닙니다. 테레사의 설명을 이해하기 위한 좋은 방법은, 능동적인 기도는 하나님의 은총에 따라 영감과 힘을 얻는 개인적 노력 같은 것으로 특징지을 수 있는 반면, 수동적인 기도는 개인의 기꺼이 하려는 마음에 따라 환대를 받은 하나님의 역사 같은 것이라고 보는 것입니다.

테레사에 따르면, 능동적인 기도에는 기본적으로 두 종류가 있다고 합니다. 그 가운데 하나인 '구어적 기도' ^{vocal prayer}는 단순히 기계적으로 외우는 암송문입니다: 이것은 자기가 하고 있는 일을 정말로 깨닫지 못한 채 기도문만 읊는 동작을 가리키는 말입니다. 그렇지만, 기도의 행위를 마음으로 깨닫기 시작하는 바로 그 순간부터, 구어적 기도는 '정신적 기도' ^{mental prayer}가 됩니다. 이 둘의 차이점은 다만 깨달음의 차이일 뿐입니다.[2]

테레사에 따르면, 능동적인 정신적 기도는 본질적으로 '명상' ^{meditation}과 일치합니다. 테레사는 명상의 세 가지 종류에 대하여 설명합니다. 첫째는 '성찰' ^{reflection}인데, 우리는 이것을 통하여 영성 생활의 어떤 측면에 관하여 생각하거나 구체화하기 위해서 자신의 능력을 사용합니다. 명상의 두 번째 종류는 '능동적인 몰입' ^{active recollection}입니다. 여기에서 인간의 노력은 인식 그 자체를 향하여, 신적인 실재에 대한 단순한 경청을 향하여 좀 더 나아갑니다. 향심 기도, 초월 명상, 그리스도교 명상, 선(禪), 비파사나 같은 오늘의 대중적인 명상은 대부분의 경우 이 범주에 속하는 것들입니다.[3]

명상의 세 번째 종류는, 테레사가 '수동적인 몰입' *passive recollection* 이라고 일컫는 것으로서, 기도 중에 관상을 향하여 나아가게 되는 첫 번째 단계입니다. 명상을 수행하는 동안 사람들은 아무런 노력도 없이 얻어지는—거저 주어지는 것처럼 보이는—개방의 순간, 즉각적인 깨달음의 순간을 경험하기 시작합니다. 테레사는 우리의 관심이 어딘가로부터 멀리 벗어날 때마다 하나님께서는 "반드시 들리게 되어 있는 온화한 호루라기(영혼)를 지닌 선한 목자처럼" 그것을 다시 불러들이시는 것 같다고 말합니다. 테레사에 따르면, 이러한 종류의 경험은 '정신적인' 기도와 '조용한' 기도, '능동적인' 기도와 '수동적인' 기도, '명상'과 '관상' 사이의 과도기를 알려 주는 것이라고 합니다.[4]

명상과 관상

그리스도교적 신비주의는 전통적으로 명상*meditation*과 관상*contemplation* 사이를 아주 명확하게 구분 지어 왔습니다. 간단히 말하면, 명상은 우리 스스로의 힘으로 행할 수 있고 성취할 수 있는 것처럼 보이는 반면, 관상은 순전한 은사로써만 주어지는 것처럼 보입니다. 요한의 표현을 그대로 빌면, 명상은 기도와 영성적인 습관의 온갖 "행위와 훈련"—의

도적으로 행하는 것들—을 포함하는 것입니다.[5]

이와 반대로, 관상은 결코 훈련할 수 없는 것입니다. 비록 오늘에는 관상적인 기도를 "훈련하는" 것에 대하여 일반적으로 말하는 추세지만, 테레사와 요한의 경우에는, 이것이 관상적인 기도 자체가 아니라 단순하고 고요한 형태의 명상 형태를 가리키는 것이라고 보았습니다. 그들에게서 관상은 전적으로 하나님이 주시는 은총의 선물입니다. 우리 힘으로 그것을 이루어 낼 수 있는 방법은 전혀 없습니다. 그것은 성취하거나 획득할 수 있는 것이 아닙니다. 그것이 주어지는 순간, 우리가 할 수 있는 일은 오직 그것을 바라는 것, 그것에 대하여 "예"라고 대답하는 것, 그것을 환영하는 것뿐입니다. 관상은 신적인 은사임이 너무나도 확실하므로, 신비주의적 전통에서 그것은 특별히 더 신성하게 여겨집니다. 그 단어의 라틴어 어원 '컴 템플룸' *com templum,* "성전과 함께"를 생각해 봐도 이것은 확실합니다.

명상과 관상 사이의 구분은 영성 생활에 대한 테레사와 요한의 견해를 이해하는 데 매우 중요한 요소가 됩니다. 그들이 살던 시대에는, 명상이란 보통 성경과 그리스도의 삶을 숙고하기 위하여 사람의 재능(지능, 기억, 의지, 그리고 상상)을 이용하는 것을 의미했습니다. 좀 더 넓은 의미에서 보면, 명상은 온갖 의도적인 기도와 영성 훈련을 일컫는 것이라고 할 수 있습니다. 이것은 성경에 대한 철저한 탐구에서부터 거룩한 단어의 반복에 이르기까지, 일기 쓰기에서부터 예배 춤에 이르기까지, 내면적 구상화에서부터 단순히 마음에 새긴 채 하루를 보내는 것에 이르기까지, 아주 여러 가지 형태를 취할 수 있습니다. 하지만 어떠한 형태를 취하든지 간에, 명상은 언제나 우리가 선택해서 행하는 것처럼 여겨지는 것, 우리의 주도성을 필요로 하는 것처럼 여겨지는 것입니다.

테레사와 요한의 경우, 관상은 인간의 의도나 노력과 아무런 상관도 없습니다. 심오하고 비밀스런 환영, 곧 우리가 무슨 말을 하는지도 모른 채 종종 "예"라고 대답하는 것만 제외하고 말입니다. 이렇게 숨겨진 의지와 별도로, 관상은 인간의 의지와 그 밖의 재능들과는 완전히 별개의 것입니다. 물론 우리가 그것을 바라고, 그것을 위하여 기도하고, 그것이 어떨까 상상해볼 수는 있습니다. 하지만 결코 그것을 이해하거나 성취할 수는 없습니다.

관상은 지난 수세기 동안 여러 가지 방식으로 정의되어 왔습니다. 하지만 딱 한 가지의 경우(주목할 만한 곡해)만 제외하면, 이것은 언제나 하나님 자신의 방법에 따라 하나님 자신의 시간에 주어지는 순전한 은사로 여겨졌습니다. 그 예외라는 것은, '획득되는' 또는 '성취되는' 관상이라는 개념인데, 이것의 기원은 요한의 저서를 편찬한 토마스 데 예수스*Tomas de Jesus*에게로 거슬러 올라갈 수 있습니다. 그의 저서들 가운데 몇 권은 순전히 요한의 저서를 오해한 것이었습니다.[6]

관상에 대한 전통적인 설명은 종종 두 가지 심리학적 특징을 포함하고 있습니다. 첫째, 깨달음은 '열려' 있습니다. 한 가지에만 집중한 나머지, 다른 것들은 모두 배제해 버리는 것이 결코 아닙니다. 명상의 경우에는, 우리의 보편적인 노력들이 대개 그러한 것처럼, 관심을 집중하기 위하여 상당한 정도의 노력을 기울여야 하고, 우리가 "산만함"이라고 일컫는 것을 배제하기 위하여 종종 투쟁을 벌이기까지 합니다. 하지만 관상의 경우에는, 이렇게 관심을 집중시키기 위한 노력이 사라지게 되고, 깨달음은 공개적이고 포괄적인 파노라마식 특징을 지니게 됩니다. 그러므로 관상의 경우, 사람들은 단지 본래의 모습 그대로 존재하기만 하면 됩니다—아무것도 가릴 필요가 없으며, 아무것도 배제할 필요가 없습니다. 관상에서는 결코 산만함이 존재할 수 없습니다. 모든 것이 그저 현재 진행되어 가고 있는 일의 일부에 지나지 않기 때문입니다. 12세기 신학자 성 빅토의 휴$^{Hugh\ of\ St.\ Victor}$는 관상이 "모든 단순한 것들을 발견하고, 그것을 총체적인 이해력을 동원하여 명백하게 파악하는 기민한 이해력"이라고 설명하였습니다. 여기에서 "모든 단순한 것들을 발견한다"는 말은 초점이 따로 존재하지 않는 개방성을 의미합니다. 이 경우 아무것도 관심을 끌 수 없습니다. 유독 특별한 것이 전혀 없거나, 또는 모든 것이 다 똑같이 특별하기 때문입니다. 테레사의 말에 따르면, "영혼 한 쪽에 존재하는 실재는 영혼으로 하여금 모든 것에 주의를 기울이도록 만듭니다."[7]

두 번째 심리학적 특징은 보통 관상과 관련지어 생각하는 것으로서, '현재 순간에 집중된다'는 점입니다. 이것은 신비주의자들이 말하는 "무한의 순간," "영원한 지금"입니다. 20세기의 퀘이커 교육자, 토마스 켈리$^{Thomas\ Kelly}$는 이것을 가리켜 "지속적으로 갱신되는 긴박성"이라고 일컬었습니다.[8]

사실, 이 두 가지 심리학적 특징들은 자연히 공존하게 되어 있습니다. 만일 관상이 어떤 존재에 대하여 개방적이고 초점이 없는 '현재'로 특징지어진다면, 그것은 언제나 '지금 현재에' 존재하는 것이 될 것입니다. 이 현재-중심성의 본질을 이해하는 것은 매우 중요한 일입니다. 예를 들면, 이 말은 미래에 대한 생각이나 과거에 대한 회상이 결코 있어선 안 된다는 의미가 아닙니다. 기억과 미래 계획은 보통 때처럼 얼마든지 존재할 수 있습니다. 다만 그 당시에 진행되고 있는 다른 모든 것들에 대해서는 관심을 주지 말아야 합니다. 그런 것들은 그저 그 순간에 벌어지고 있는 일들의 '일부로서만' 경험해야 합니다. 그러므로 우리는 나무 아래 앉아서, 그 주변의 모든 것들을 인식할 수 있습니다. 산들바람도 느낄 수 있고, 새들이 지저귀는 소리도 들을 수 있으며, 하늘에 구름이 흘러가는 모습도 바라볼 수 있습니다. 과거의 기억이나 미래에 관한 생각은 얼마든지 생겨날 수 있습니다. 그 순간에 벌어지는 다른 사건들은 모두 구름과 마찬가지로 그저 지나가는 것에 불과합니다.

이렇게 개방적이고 현재-중심적인 인식은 우리 모두가 짧은 순간이나마 다들 경험해 본 것입니다. 그러나 보통의 경우, 우리의 의식은 곧 다른 것들에게로 쏠리고 맙니다. 그러다가 다시금 이제껏 자신이 보편적으로 관심을 집중시켜 왔던 것에게로 관심이 재빨리 되돌아가는 것을 깨닫게 됩니다. 만일 우리가 순간의 기억을 돌이킬 수 있다면, 가슴에 사무치는 일종의 갈망을 지닌 채 그것으로 되돌아갈 수도 있을 것입니다. 토마스 켈리는 순간을 향한 자신의 열망을 이렇게 표현합니다: "머물러라, 그대는 너무나도 달콤하나니."[9]

여기에서 나는 관상의 개방성과 즉각성을 설명하기 위하여 "심리학적"이라는 용어를 사용하였습니다. 이 특성들은 신경체계가 관심을 전달하는 방법에 따라 많이 좌우되기 때문입니다. 상당 정도까지는, 인식의 개방성과 현재-중심성도 훈련이나 발전이 가능합니다. 많은 명상 방법들이 바로 이러한 방향을 목표로 삼고 있지요. 한 가지 예를 들면, 호흡에 참여하는 간단한 훈련이 있습니다. 이것은 호흡을 조절하거나 어떤 영향을 미치는 일 없이, 호흡의 모든 측면을 감지하기 위한 훈련입니다. 시간이 지나면서 이런 훈련이나 이와 비슷한 훈련들은, 거의 자신의 의지에 따라 인식의 개방성과 즉각성을 선택할 수 있는 능력 쪽으로 우리를 이끌어 줍니다.

그러나 이러한 심리학적 특징들이 관상의 전부는 아닙니다. 관상의 본질적인 특성 한 가지가 더 있는데, 이것은 모든 신비주의자들이 이미 인정한 것으로서, 순전한 선물 '로서만' 가능한 것, 바로 사랑입니다. 인식의 즉각성과 개방성은 들쭉날쭉할 수 있습니다. 하지만 전혀 변함없이 지속되는 것이 한 가지 있지요: 바로 '관상은 사랑'이라는 사실입니다. 이와 같은 사랑은 훈련할 수도, 성취할 수도 없습니다. 우리는 사랑의 방식을 통하여 행동할 수 있으며, 또 마땅히 그래야만 합니다. 모든 종교가 다 이것을 옹호합니다. 하지만 우리가 사랑을 행동으로 옮기는 방식은 종종 우리의 애착에 따라 결정되는 수가 있습니다. 그것은 스스로 고안된 것이고, 자유롭지 못한 방식입니다. 우리는 오직 사랑에 빠짐으로써, 또는 사랑을 발견하기 위하여 잠에서 깨어남으로써, 그리고 종종 사랑 때문에 깜짝 놀람으로써, 애착이 아닌 진실한 사랑과 접하게 됩니다. 우리가 그것을 아무리 갈망한다 할지라도 우리 힘으로 이루어낼 수는 없습니다. 관상이 지니는 자유로운 사랑의 특성은 오직 하나님에 의해서만 불붙고, 자극을 받아 시작되며, 혹 우리가 원한다면 우리 안에도 주입될 수 있습니다. 테레사는 영혼을 흐느껴 우는 아이에 비유합니다: "그러므로 이 아이를 달래려면 사랑으로 돌봐 주어야만 합니다. 그리고 이 돌봄은 온화한 사랑으로 이어져야 합니다." 요한의 말에 따르면, "영혼은 지속적으로 움직이면서, 하나님을 향한 지고지순한 사랑의 갈망으로 불타오릅니다. 그 열망이 어디에서 비롯된 것인지, 무엇에 기초를 두고 있는지도 전혀 모른 채 말입니다."[10]

관상을 그리도 성스럽고 거룩한 "성전과 함께"로 만들어 주는 것이 바로 이 신비주의적 사랑의 특성입니다. 또한 우리가 그것에 관하여 뭐라고 말하든 간에, 관상에 대한 설명이 불가능한 이유도 바로 이것 때문입니다. 요한은 관상 자체가 바로 "어두워지는" 것이라고 거듭해서 말합니다. 보편적인 의미에서 보면, 사람들은 자기가 현재 겪고 있는 일을 잘 알지 못합니다. 경험은—만일 그것이 정말로 경험이라면—모든 말과 이해를 초월하기 때문입니다.[11]

내면의 정원

관상은 객관적인 설명이 불가능합니다. 그러므로 테레사와 요한은 그것의 신비를 전달하기 위하여 비유에 의존합니다. 그렇게 함으로써 이들은 신비주의 문학에서 가장 마음을 끄는 심상들 몇 가지를 만들어 냈습니다. 테레사의 경우, 가장 유명한 비유들 가운데 하나가 바로 내면의 정원이라는 비유입니다. 테레사는 이 비유를 사용함으로써 명상과 관상 사이의 차이점을 아주 효과적으로 묘사합니다. 이 비유는 그녀가 요한을 만나기 몇 년 전에 썼던 첫 번째 저서, 〈인생〉에 실려 있습니다.[12]

테레사는 인간 영혼을 정원에 비유합니다. 그 정원의 중심에는 하나님이 살고 계십니다. 그리고 그 정원에는 매우 아름다운 꽃들이 만발해 있습니다. 테레사는 이 꽃들이 미덕을 가리킨다고 말합니다. 테레사에 따르면, 하나님이 "이 미덕들을 보고 기뻐하시도록" 우리가 자기 영혼의 정원을 아름답게 가꾸고 많은 꽃들이 피기를 바라는 것은 너무나도 당연한 일입니다.

앞에서 우리가 살펴 본 것처럼, 요한 역시 정신의 능동적인 밤을 위하여 미덕을 가꿀 것을 권유합니다. 그러나 테레사의 처방은 그보다 훨씬 덜 복잡합니다. 그녀는 영혼의 초보 정원사들에게 땅을 갈거나, 씨를 뿌리거나, 잡초를 뽑는 일 등에 대하여 아무 걱정도 하지 말라고 말합니다. "영혼이 기도를 실행하기로 결심할 때까지" 하나님께서 이미 이 모든 일들을 다 해놓으셨기 때문입니다.

이것은 오늘의 잣대로 보더라도 매우 파격적인 가설입니다. 테레사는 우리가 자기 안에 미덕을 주입할 필요가 전혀 없다고 말합니다. 하나님께서 이미 우리 안에 미덕들을 다 심어 놓으셨기 때문입니다. 우리는 바라지 않는 잡초가 정원에 자라지 않을까 걱정할 필요도 없습니다; 그것 역시 하나님의 일이기 때문입니다. 나아가 테레사는, 우리가 미덕이나 악덕에 대하여 너무 많은 관심을 가질 경우 오히려 정원을 돌보는 우리의 기본적인 임무에 소홀할 수 있다고 말합니다. 우리가 지켜볼 일은 딱 한 가지, 정원에 물이 충분한가만 살펴보면 됩니다. 테레사의 경우, 물은 다름 아닌 기도를 가리킵니다. 그리고 기도는 다름이 아니라 바로 사랑이 담긴 조심성을 가리킵니다.

영혼의 정원에 기도로 물을 주는 것은 얼핏 보기에 간단한 일처럼 여겨질 수 있습니다. 하지만 테레사는 그 일이 결코 쉽지 않다는 것을 잘 알고 있습니다. 그녀는 물을 줄 수 있는 네 가지 방법에 관하여 설명하는데, 이것은 기도의 네 가지 단계 또는 "등급" *grados de oración* 을 의미하는 것입니다. 첫 번째 단계는 명상입니다; 그리고 나머지 세 방법은 관상이 점점 심화되어 가는 과정으로서, 자발적인 기도를 위한 노력에 관한 느낌 대신 하나님의 심오하고도 모호한 신적 활동에 관한 느낌이 점점 더 강해지는 과정입니다.

정원에 물을 주는 첫 번째 방법은 우물의 물을 양동이로 길어오는 것입니다. 이것은 곧 명상을 가리키는 것인데, 테레사는 이 방법이 "많은 노동력"을 필요로 하지만, 물의 양은 너무도 적은 방법이라고 말합니다. 하지만 그래도 이것은 미덕의 싹이 돋아나는 데 도움을 줍니다. 두 번째 방법은 양수기를 이용하는 것으로서, "더 적은 노동력으로도 더 많은 물을 얻을 수 있는" 방법입니다. 이것은 곧 묵상기도로서, 관상의 출발점이기도 합니다. 또한 이것은 미덕들의 싹이 트도록 도와줍니다. 세 번째 방법은 근처의 시내나 연못에서 자연스럽게 물이 흘러들도록 하는 방법입니다. 이것은 "땅을 좀 더 흠뻑 적셔 줍니다." 정원사는 가끔씩 보충만 해주면 됩니다. 세 번째 기도는 미덕을 꽃피우게 해줍니다. 네 번째 방법은 비가 정원을 적시는 것입니다. 이것은 합일기도를 가리키는 것으로서, 사람 편에서는 아무런 노력도 기울일 필요가 없습니다. 이 단계에서 미덕은 열매를 맺게 됩니다.

테레사가 살던 시대의 관습이 그러했듯이, 이러한 네 가지 단계에 관한 그녀의 설명은 마치 명상에서 출발하여, 관상을 거쳐, 합일기도로 곧장 나아가는 직접적인 발달 단계인 것처럼 여겨집니다. 이러한 설명은 너무나도 쉽사리 한 단계에서 다음 단계로의 계단식 진보를 가정해 버리도록 만듭니다. 그럼에도 불구하고, 요한의 밤 단계들이 그러했듯이, 테레사의 기도 단계들 역시 엄격한 순서에 맞춰서 발생하는 것은 결코 아닙니다. 그것들은 끊임없이 서로 겹치면서 되풀이됩니다. 테레사와 요한이 한 일은, 사람들이 기도 중에 겪은 여러 가지 일들을 해명하고, 그것들을 조리 있고 이해하기 쉽게 설명하는 것이었습니다. 그들은 명료함을 위하여 그것들을 논리적인 순서, 계급적인 순서에 맞춰서 설명할 뿐입니다. 반드시 이 순서에 따라 발생한다는 것은 결코 아닙니다.

나아가, 이 기도의 단계들은 어떤 일정한 상태가 아니라, 기도 중에 간헐적으로 발생하는 '체험' 입니다. 다양한 종류의 기도 체험들이 서로 혼합됩니다. 사람들은 아주 이른 시기부터 관상의 순간을 체험합니다. 하지만 이러한 체험들은 보통 일시적이며, 심지어는 깨닫지도 못하는 사이에 지나가 버리는 경우가 많습니다. 마찬가지로, 풍요로운 관상을 체험하고 있는 사람이라 할지라도, 종종 명상으로 되돌아가는 경우가 많습니다. 그러나 시간이 지나면서 사람들은 점점 더 자주 관상을 체험하고 의식하게 되며, 따라서 명상을 위한 시간과 노력은 점점 더 필요 없게 됩니다. 이러한 배경지식을 갖고서 우리는 앞으로 테레사의 네 가지 기도 체험을 좀 더 자세히 살펴보게 될 것입니다.

우물과 양동이: 명상

기도의 첫 번째 방법, 곧 우물에서 양동이로 물을 길어오는 것은 '명상'입니다. 명상 활동에는 재능의 사용과 산만함의 극복 ("감각들을 계속 몰입시키는 것")이 포함됩니다. 테레사는 명상이 취할 수 있는 형태에 관하여 무척이나 유동적인 사람이었습니다. 성경 본문을 숙고하는 것도 여기에 속할 수 있고, 예수님의 생애에 일어난 사건들을 상상해 보는 것도 여기에 속할 수 있었습니다. 또한 자연 광경이나 예술 작품을 바라보는 것도 여기에 해당하는 것일 수 있었습니다. 테레사 자신은, 1세기 후에 로렌스 형제가 대중화시켰던 것과 아주 흡사하게, 하나님의 실재에 대한 적절한 훈련을 옹호하였습니다. 이것은 테레사 자신의 모든 행동을 통하여 하나님의 실재를 기억해 내려는 단순한 시도였습니다. 그녀는 또한 그리스도에 관한 상상 속의 내면적 모습을 만들어 내기 위한 노력에 관하여 설명하였습니다. 곳곳에서 그녀는 사람들이 저마다 가장 효과 있는 방법, "가장 도움이 되는 방법"을 실천해야 한다고 여러 번 강조하였습니다.[13]

모든 것이 다 자신의 노력 여하에 달려 있다고 느껴질 때면, 명상의 가장 간단한 방법인 주의집중조차도 많은 에너지를 소모시킬 수 있습니다. 테레사는 우물에서 물을 길어오는 방법이 "더 이상 팔을 움직이지 못할 정도로" 사람을 기진맥진하게 만들 수 있다고 말합니다. 게다가 우물은 종종 메말라 보이기도 합니다; 명상은 만족(위안)을 거의 또는 전혀 가져다주지 못합니다. 하지만 그럼에도 불구하고, 이 일은 계속되어야만 합니다. 이것이야말로 "우리가 행할 수 있는 전부"이기 때문입니다. 테레사는 이 일 자체가 보상이 되어 준다고 말합니다. 이 일은 사랑의 노동이기 때문입니다. 이것은 자신의 십자가를 지고, 하나님을 향한 자신의 욕망을 표출하는 방법이며, 하나님은 이것의 가치를 깊이 인정해 주십니다. 이 일은 우리의 기도를 행동으로 실천하는 것이며, "물론 하나님의 도움을 받아서 우리 스스로를 발전시킬 수 있는" 유일한 방법입니다.[14]

위안, 곧 기도의 좋은 느낌은 테레사가 '능동적인 몰입'이라고 부르는 순간에 명상을 통하여 다가옵니다. 이 순간은 명상 작업이 마음을 고요히 가라앉히고 즉각적인 순간에 대한 우리의 의식을 불러일으키는 때를 가리킵니다. 위로의 내용은 아주 다양합니다; 어떤 사람은 깊은 평온과 평화를 경험할 수 있으며, 또 어떤 사람은 감사나 아름다움에 압도될 수도 있고, 강력한 감정에 따라 눈물을 흘릴 수도 있습니다. 그 내용이 무엇이든지 간에, 이러한 경험은 언제나 기쁘고 즐거우며, 하나님에 대한 우리의 욕망을 자극해 주는 것임이 틀림없습니다.

테레사는 명상 중에 생겨나는 이 위안들을 설명하기 위하여 '콘텐토스' *contentos*라는 단어를 사용합니다. 그녀는 이러한 경험들이 부분적으로는 우리 자신의 노력 덕택이기도 하므로, 우리는 "그런 식으로 행동한 데 대하여 만족감을 누릴 자격이 충분히 있다"고 말합니다. 그러나 곧바로 그녀는 우리가 그 공을 다 차지할 수는 없다고 지적합니다. 만일 하나님의 은총이 없었다면, 그렇게 좋은 느낌들을 갖기가 불가능했을 것이기 때문입니다. 또한 그녀는 명상의 위안*contentos*이 일상생활 속에서 자연스럽게 얻어지는 다른 좋은 느낌들, 예를 들면 사랑하는 사람과 재결합하게 되었을 때나 힘겨운 사업에 성공을 거두었을 때 느낄 수 있는 좋은 감정들과 아주 흡사하다는 사실을 강조합니다. 그러므로 명상의 위안^{contentos}은 신체적 특징을 지니고 있다고 말할 수 있습니다. 테레사는 이것들이 한 사람의 감각 속에서 발생하며, 그것 때문에 생기는 기쁨이 곧 그 사람으로 하여금 기도를 하게 만든다고 말합니다.[15]

양수기: 묵상기도

우리는 뜻하지 않은 시간에, 양수기로 정원에 물을 주는 두 번째 방법을 경험하게 됩니다. 테레사는 손 하나가 양수기의 시동 핸들을 돌리는 환상을 봅니다. 이 양수기는 정원에 계속 물이 들어갈 수 있도록 수로에 물을 채워 줍니다. 여기에서 테레사는 말하기를, 이 방법을 사용하면 힘은 훨씬 덜 들지만 물은 훨씬 더 많이 공급된다고 합니다. 묵상기도$^{The prayer of quiet}$의 특징은 테레사가 '수동적인 몰입'이라고 일컫는 것인데, 이것은 관상 체험을 처음으로 맛보는 단계입니다. 이제는 일하고 노력을 집중시키는 대신, "좀 더 많은 기쁨을 누릴 수 있도록, 영혼 안에 있는 능력들에 몰입해야만 합니다."[16]

이렇게 관상 체험을 일별하고 나면, 전혀 다른 종류의 위로가 우리에게 다가옵니다. 그것을 가리켜 테레사는 '구스토스'^{gustos}라고 부릅니다. 테레사는 명상의 위안^{contentos}이 "인간 본성으로부터 솟아 나와 하나님을 향해 나아가는" 것이라면, 관상의 위로^{gustos}는 "하나님께로부터 생겨나지만 인간 본성도 그것들을 느끼고 즐기게 된다"고 말합니

다.[17)]

그러므로 관상의 위로[gustos]는 하나님 자신의 기쁨으로서 인간의 감각 속에 흘러넘치는 것입니다. 이러한 감정은 초자연적인 특징, 궁극적인 만족의 징후를 지니고 있습니다. 테레사는 다음과 같이 말합니다: "영혼은 이제 자신의 비극으로부터 벗어나, 영광의 기쁨을 맛보고 있습니다……이러한 고요와 몰입은 그것이 영혼에게 가져다주는 만족과 평화를 통하여 명확하게 감지할 수가 있습니다. 능력들 속에 들어 있는 아주 위대한 고요와 기쁨, 그리고 달콤한 즐거움과 함께 말입니다."[18)]

그리하여 관상의 위로[gustos]가 더없이 즐거울 수 있는 만큼, 명상으로부터의 방향 전환은 보통 혼란스럽고 불쾌한 경험을 안겨줄 수도 있습니다. 사실, 묵상기도는 위안[contentos]의 심각한 부재를 야기하는 경우가 허다합니다. 만일 우리가 테레사의 저서에 소개된 영혼의 어두운 밤 동안의 기도 경험을 추구하고자 한다면, 바로 이 단계에서 시작하게 될 것입니다. 명상은 묵상기도가 저절로 발생할 수 있는 여지를 만들어 주는 것 같아 자칫 해이해질 수도 있기 때문입니다. 테레사에 따르면, 이 단계에서 사람들은 "다름 아닌 혐오감과 반감, 건조함을 경험"할 수 있다고 합니다. 변화는 어둡고 모호합니다; 본인은 무슨 일이 벌어지고 있는지 잘 모릅니다. "주께서 이러한 호의를 베푸시는 동안 영혼 자신은 그것을 전혀 이해하지 못하고, 자기가 마땅히 해야 할 일이 무엇인지도 모릅니다……그 시험은 자칫 가혹할 수가 있습니다." 테레사는 자기 자신도 "이 축복의 샘으로부터 물 한 방울" 얻어 감사했던 시기 내내 "여러 해 동안 이 시험들을 견뎌 왔다"고 말합니다.[19)]

테레사는 말하기를, 수동적인 몰입과 그 위로하는 구스토스^{gustos}가 발생하는 시간과 방법은 아무도 예측할 수 없다고 합니다. 그것은 오로지 하나님 한 분만 아십니다. "그것은 우리의 의지에 달린 문제가 아닙니다……그것은 오직 하나님이 베풀어 주시고 싶을 때 발생합니다……그렇지만 제아무리 우리가 명상을 훈련한다 할지라도, 제아무리 많은 노력을 기울이고 제아무리 많은 눈물을 흘린다 할지라도, 우리 힘으로 이 물을 만들어낼 수는 없습니다……이것은 오직 하나님이 주고 싶으신 사람에게만 주어지는 것이며, 영혼이 전혀 생각도 못한 시기에 주어지는 경우가 허다합니다." 테레사는 사람들에게 부디 인공적인 몰입 상태를 자아내도록 마음을 달램으로써 일을 서두르지 말라고 경고합니다. 그러한 시도는 오히려 긁어 부스럼일 뿐입니다. "영혼의 능력들을 바쁘게, 그리고 동시에 고요하게 유지하는 것은 어리석은 짓입니다." 테레사에 따르면, "생각을 멈추기 위하여 영혼이 기울이는 노력들은, 그 자체가 상당히 많은 생각들을 유도해 냄으로, 오히려 생각을 불러일으킬 뿐입니다."[20]

테레사는 자신의 독자들이 품게 될 당연한 질문을 예견합니다. "그렇지만, 여러분은 이렇게 물을 것입니다. 우리가 이 호의를 얻기 위하여 노력하지 않는다면 어떻게 이것을 얻을 수 있겠느냐고 말입니다." 그녀의 대답은 명백합니다: 좀 더 진보된 상태의 기도를 성취하기 위한 온갖 노력을 '당장에 그만 두라'는 것이지요. "우리는 주께서 우리의 영혼을 들어올려 주실 때까지, 자신의 영혼을 들어올리려고 애쓰지 말아야 합니다." 그 대신, 우리는 단순한 사랑의 노동 안에 머물러 있어야 합니다. "중요한 것은 많이 생각하는 게 아니라, 많이 사랑하는

것이니까요. 그러므로 무슨 일이든, 여러분을 사랑하도록 가장 많이 자극하는 일을 행하십시오." [21]

묵상기도와 수동적인 몰입이 발생할 때의 경험은 매우 감미롭고, 위로^{gustos}는 아주 아름답습니다. 그래서 사람들은 완벽한 고요 속에 머무르기를 원합니다. 몸과 마음의 미묘한 움직임조차도 이 경험을 깨뜨려 버릴 것처럼 느껴집니다. 그 느낌이 어떠한가를 설명하기 위하여 테레사는 두 군데의 성경 본문을 이용합니다. 예수님의 변모 기사(마태복음 17:4)를 인용하면서, 그녀는 영혼이 궁극적인 영광을 본 것처럼 느끼며 "바로 그곳에 거처를 세우고 싶어한다"고 말합니다. 또한 그녀는 마리아와 마르다 이야기(누가복음 10:38~42)를 언급하면서, 영혼이 "마리아의 거룩한 게으름을 기뻐하신다"고 말합니다. [22]

시내나 연못: "잠자는 재능들"

묵상기도를 특징짓는 굉장한 민감성은 정원에 물을 주는 세 번째 방법에서 약간 느슨해지는 것 같습니다. 이 방법은 근처의 시내나 연못으로부터 물이 흘러들어 오는 것입니다. 이 단계는 하나님께서 기도에 관한 "모든 일들을 실제로" 도맡아 하시는 것처럼 보입니다. 이제 더 이상 죽고살고 고요함에 매달리는 사람은 아무도 없습니다. 테레사는 이것 덕분에 한 사람이 마르다도 되고, 동시에 마리아도 될 수 있는 것이라고 말합니다. 이것은 세상 안에 거하는 것에 관한 느낌이지, 세상에 관한 느낌이 아닙니다. 사람들은 자신의 일상적인 활동들을 그대로

지속합니다: 책을 읽고, 글을 쓰고, "자선행위"에 참여하고, "사업적인 문제들"을 해결합니다. 하지만 그러는 동안에도 그들은 자기에게 진짜로 맞는 "최선의 장소는 어딘가 다른 곳"이라는 확신을 품고 있습니다. 관심은 공개적이고 광범위합니다. 하지만 사람들은 어떠한 입장에 처하든지 필요에 매우 민감한 반응을 보입니다. 테레사는 그 경험이 마치 두 사람의 말을 동시에 귀 기울여 듣는 것과도 같다고 말합니다. "우리는 그 어느 쪽 대화에도 완전히 몰두할 수가 없습니다."[23]

테레사가 사용한 "잠자는 재능들" _sueño de las potencias_ 이라는 용어는 여기에서 매우 다루기가 힘든 용어입니다—최소한 내게는 그렇게 여겨졌습니다—그녀는 재능들의 기능이 실제로 이전보다 훨씬 더 향상된다는 점을 분명히 내보이기 때문입니다. 내가 가장 혼동되는 부분은, 개인적인 체험을 자기가 읽은 신비주의 신학 텍스트에 설명되어 있는 범주들에 끼워 맞추고자 했던 테레사의 시도입니다. 내가 혼동을 일으키게 된 부분은, 그녀의 전문 용어가 아니라, '체험'에 관한 그녀의 설명에 집중하기 시작했을 때입니다. 이것 때문에 세 번째 종류의 기도는 나에게 큰 의미를 던져 주게 되었습니다.[24]

테레사는 기도의 온갖 다양한 체험들이 결국은 한 사람의 지력과 기억력, 의지력이 특정 시간에 얼마만큼 "하나님과 합일되어 있나"를 반영해 주는 것이라고 봅니다. 어떤 사람은 독립적인, 별개의, 또는 자율적인 느낌의 '부재' 정도에 관하여 이야기할 수도 있을 것입니다. 테레사는 기도의 이전 단계, 곧 수동적인 몰입의 단계에서는 오직 의지력만이 하나님과 이런 식으로 합일될 수 있다고 말합니다. 지력과 기억력은 아직 전체적으로 취하지 못한 상태입니다. 현재 단계에서는 재능들이 "거의 완벽하게 하나님과 합일을 이루고 있습니다. 하지만 그 것들을 아직 흡수하진 못했기 때문에 행동으로 옮길 수는 없는 상태입니다." 그리고 다음 단계, 곧 합일 기도의 단계에 이르면, 모든 재능들이 완벽하게 하나님과 합일을 이루게 될 것입니다.[25]

다음으로, 그녀는 시내나 연못을 통해서 정원에 물을 주는 이 시기에 사람들이 실제로 무엇을 경험하는가를 설명하기 위하여 노력합니다. 이 단계에서 위로^{gustos}는 묵상기도 때와 "비교도 할 수 없을 정도로 강해집니다." 그것 때문에 생기는 기쁨은 거의 참을 수 없을 정도로 달콤합니다. 테레사에 따르면, 이 시기에 다다른 사람들은 더 이상 자기 자신의 감각이나 성취로부터 만족을 추구하지 않는다고 합니다. 그렇다고 해서 완벽한 만족 상태에 도달한 것도 아닙니다. 그들은 그저 하나님과 함께 할 수 있기를 점점 더 간절히 원하게 됩니다. 하나님을 향한 이 갈망의 고통은 "영광스러운 어리석음, 하늘의 광기"를 만들어내는 위로^{gustos}의 기쁨과 뒤섞입니다. 사람들은 "말을 해야 할지 침묵을 지켜야 할지, 웃어야 할지 울어야 할지, 도무지 알 수가 없습니다." 테레사는 이 단계의 기도를 가리켜 "가볍고 무거운 십자가"라고 부릅니다. "너무나도 달콤하다는 면에서는 가볍지만, 때로는 도저히 참을 수 없을 정도로 고통스럽기 때문에 무거운" 십자가 말입니다. 사람들은 이처럼 때로는 죽음을 갈망하기도 합니다. 그것만이 하나님을 향한 자신의 갈망을 채울 수 있는 유일한 길처럼 여겨지니까요. 그러나 그들이 할 수 있는 일은 딱 한 가지, "스스로를 포기하고 하나님의 팔에 완전히 맡기는 것입니다."[26]

비: 합일 기도

테레사가 기도의 네 번째 단계, 곧 "온 정원을 흠뻑 적셔 줄 수 있을 정도로 하늘에서 내리는 비"를 설명하기 위하여 가장 진땀을 흘리는 것도 어찌 보면 당연한 일입니다. 그녀는 자신이 읽은 신비주의 신학 서적들로부터 "합일"이라는 용어를 가져와 사용합니다. 그러면서 이 합일이 무엇인지, 어떻게 생겨나는지를 설명하는 방법은 전혀 모르겠노라고 말합니다. 마치 현대의 전체론적인 사상처럼 들리는 본문 속에서 그녀는 다음과 같이 말합니다: "그리고 나는 마음*mind*이 무엇인지, 그것이 영혼*soul*이나 정신*spirit*과 어떻게 다른지 도무지 이해할 수가 없습니다. 내가 보기에는 그것들이 다 같은 것들인데 말입니다." 그녀는 심지어 이 기도의 "위대한 호의"에 감사하는 마음을 표출하기 위한 노력 가운데 어찌할 바를 모르고 당황하기도 합니다. 그녀는 이렇게 말합니다: "때로는 무의미한 말을 지껄이는 게 더 도움이 된다는 사실을 깨달았어요."[27]

그녀는 사람들이 이 기도 중에 경험하게 되는 일들을 훨씬 더 잘 설명합니다. 그 경험들은 전혀 기대하지 못한 순간에 찾아옵니다. 사람들은 자신이 커다란 기쁨 속에서 서서히 사라져 버리는 듯한 느낌, 황홀경에 빠진 듯한 느낌, 또는 몸이나 호흡이나 감각과의 연결이 끊어져 버린 듯한 느낌을 받게 됩니다. 비록 자기 주변에서 진행되고 있는 일들을 계속해서 보고 듣고 느끼기는 하지만, 이러한 지각들을 결코 이해하지는 못하는 것입니다. 말이란 거의 불가능합니다.

이렇게 극적인 합일의 경험은 아주 짧은 시간 동안만 지속됩니다. 테레사는 자신의 경우, 그 경험이 아무리 오래 간다 하더라도 "30분 정도밖에" 지속되지 않는 것 같다고 말합니다. 의식적인 기도의 삶을 시작하기 이전에는, 그러한 경험들이 너무나도 재빨리 일어나기 때문에 전혀 알아채지 못하고 놓쳐 버리기가 쉽습니다. 하지만 나중에 좀 더 의식적인 기도의 단계에 접어들면, 뭔가 아주 멋진 일이 일어났다는 사실을 눈치 채게 됩니다. 그러나 좀 더 많은 경험과 식별력을 지니게 된다 할지라도, 여전히 그것은 짧은 순간에 지나가 버립니다. 지력이나 기억력이 적극적으로 활동하여 다시금 "골치 아파지기" 전까지는, 절대로 그것이 오랜 시간 동안 지속되는 법이 없습니다. 테레사는 이 기도가 종종 왔다갔다 반복되는 경험들로 구성된다고 설명합니다: 의지력이 하나님을 향하여 사랑스럽게 주어질 때는 지력과 기억력이 활동적입니다. 그러다가 하나님이 지력과 기억력을 다시금 고요한 두절 상태로 불러들이십니다. 잠시 동안 의지력을 하나님 안에 다시금 "불러 모으시는" 것입니다. 그러다간 또다시 그것들이 활동적으로 움직이지요. 하지만 시간이 지날수록 좀 더 심오하고 군건한 합일감이 자라게 됩니다. 이렇게 지속적인 하나님에로의 "참여"는 덜 극적이고 훨씬 더 평범하기에, 부드러운 사랑의 속삭임처럼 일상생활의 온갖 활동들 속에 존재할 수 있습니다.

　합일기도의 좀 더 극적인 체험들 속에서 영혼에게 일어나는 일을 설명하기 위한 노력의 일환으로, 테레사는 자기 자신의 기도로 방향을 돌리면서, 다음과 같은 하나님의 말씀을 듣게 됩니다: "딸아, 영혼은 좀 더 완전하게 내 안에 머무르기 위하여 모든 것이 흘러가도록 내버려 둔단다. 영혼 자체는 더 이상 내 안에 살지 않고, 다만 내가 살 뿐이란다." 하나님은 그녀에게 말씀하시기를, 이러한 경험 속에서 생겨나는 특별한 종류의 지식이 존재하는데, 그것은 곧 "이해하지 못하여 생기는 이해"라고 하십니다.[28]

테레사는 이러한 사상을 발전시키기 위하여 나름대로 최선을 다합니다. 그러나 그녀는 무진장 난처해 하다가 끝내 패배를 인정하고 맙니다: "의지력은 사랑 안에서 완전하게 생겨나야만 합니다. 하지만 그것이 사랑하는 방법을 이해할 수는 없습니다. 만일 그것이 이해할 수 있다면, 그 이해는 이해하는 방법을 이해하는 것이 아닙니다. 적어도 그것은 이해하는 것을 파악하지 못합니다. 나는 그것이 이해한다고 생각하지 않습니다. 그것은 그 자체를 이해하지 못하기 때문입니다. 그리고 나 역시도 이것을 전혀 이해할 수 없습니다!"[29]

과정

나는 그 동안 테레사와 요한이 설명해 놓은 기도의 단계 또는 종류가 고정적인 상태에 있는 게 아니라는 점, 그리고 그것들이 반드시 순서대로 발생하는 것도 아니라는 점을 강조하기 위하여 무진장 애를 써왔습니다. 그것들은 오히려 기도하는 도중 다양한 시간에 접하게 되는 경험들입니다. 이미 말한 것처럼, 어떤 사람은 기도나 명상 훈련을 이제 막 시작했는데도 실현화된 합일을 경험하기도 하며, 또 어떤 사람은 평생토록 기도를 해왔는데도 불구하고 억지로 꾸민 명상으로 되돌아가기도 합니다.

그렇지만 영성 생활은 결코 시간만 허비하는 헛수고가 아닙니다. 어딘가에서 분명히 시작되었을 운동, 그 운동이 시작되는 실제 과정입니다. 처음에는 대부분의 사람들이 이를 감당할 수 없으며, 기도의 유일한 가능성은 억지로 꾸민 명상뿐입니다. 우리들 대부분의 경우, 이것은 완전한 중독 아니면 강력한 애착입니다. 우리가 아는 것이라곤 딱 하나, 우리의 삶을 책임지고 우리의 목표를 향하여 노력하라는 문화적 명령입니다. 그러므로 우리에게는 다른 선택의 여지가 없습니다. 우리는 동일한 방법으로 기도에 접근해야만 합니다.

그러나 우리 모두의 마음속에 깊숙이 숨겨져 있는 게 있다고 나는 확신합니다. 그것은 바로 단순한 실재와 순전한 존재의 기억, 그리고 그것을 향한 갈망입니다. 대부분의 경우 이것은 우선 우리를 의식적인 영성 생활로 이끌어 주는 것일 수 있습니다. 하지만 우리들 대부분은 수동성과 나태함과 항복이 부정적 결과만을 낳는 태도에 얽매여 있습니다. 우리의 정신은 온갖 노력을 그만 두고 그저 "하나님께 모든 것을 맡긴 채 그냥 흘러가게 내버려 두도록" 스스로를 독려할 경우, 아무래도 크나큰 공포에 빠질 것만 같습니다. 분명히 우리는 게으르다는 느낌, 무책임하고 통제 불가능하다는 느낌을 갖게 될 것입니다. 그러므로 명상이야말로 우리가 진정 편안하게 느낄 수 있는 유일한 대상일 경우가 종종 있습니다.

성취에 대한 이러한 애착의 조건도, 심오한 고요나 합일 경험이 일어나지 못하도록 막지는 못합니다. 하지만 그것은 우리로 하여금 그러한 순간들이 다가와도 전혀 느끼지 못하도록 방해합니다. 그리고 심지어는 우리가 그 순간들을 눈치 챈다 할지라도—그러한 순간들과 사랑에 빠져든다 하더라도—결국은 자신이 그 순간들을 오랫동안 견뎌낼 수 없다는 사실을 깨닫게 됩니다. 이 순간들은 우리 자신에게 너무나도 수동적인 느낌을 안겨 줍니다; 게다가 진실이라고 믿기엔 너무나 좋아 보입니다. 그것들을 신뢰하기가 너무나도 어렵습니다.

그러므로 테레사와 요한이 "초심자"라고 부르는 사람들은 사랑하는 사람과 자기 자신의 영혼이 싸우는 모습을 발견하게 되기가 쉽습니다. 한편으로, 그들은 자신의 노력을 포기하고 그저 사랑스러운 존재 안에서 편히 쉬길 간절히 원하고 있습니다. 하지만 다른 한편으로는, 그렇게 명백한 수동성이 어딘가 잘못된 것이라는 점을 깨닫고, 그것이 필요로 하는 취약성이나 통제의 상실을 심히 두려워하게 됩니다. 사람들은 관상을 승인받은 순간에 지속적으로 매달리고픈 자신을 발견할 수도 있고, 반대로 될 수 있는 한 빨리 도망치려 드는 자신을 발견할 수도 있습니다.

하지만 모든 사람들이 다 이런 식으로 시작하는 것은 아닙니다. 테레사는 어떤 명백한 내적 투쟁이 없이 아주 자연스럽게 관상에 빠져드는 사람들도 있다는 사실을 인정합니다. 그러나 그런 사람들은 그 나름대로 어려움에 부닥치게 됩니다. 그들은 다른 사람과는 조금 다른 느낌들, 문화적 규범에 비하면 조금 이상한 느낌들과 싸워야만 합니다. 그들은 종종 자신의 자연스러운 기도마저 의심하게 됩니다. 자신이 이제껏 "올바른" 기도법이라고 배워 온 것과 너무도 다른 기도처럼 여겨지기 때문입니다. 나는 그 동안 관상적인 실재의 개방적이고도 자발적인 단순성 안에 머무르는 것이 편안하고 자연스럽게 여겨진다는 사람들을 아주 많이 보아왔습니다. 하지만 그런 사람들은 자신이 어딘가 잘못되었다는 생각을 버릴 수가 없습니다. 다른 사람들은 너무나도 열심히 기도와 명상을 훈련하며, 기도를 '행하는' 방법에 관하여 알려주는 책들은 모조리 다 읽어 치우기 때문입니다. 테레사 자신이 그랬던 것처럼—그리고 1세기 후에 로렌스 형제가 그랬던 것처럼—이 사람들은 자기 자신의 방법을 주장하고 소중하게 여길 수 있도록 개인적인 용기를 발휘하기 위하여 싸워야만 합니다.

이렇게 볼 때, 영성 생활에 대한 애착의 측면은 사람마다 매우 다양하게 나타납니다. 어떤 사람들은 심각한 구속과 무조건적인 상태에서 출발하는가 하면, 또 어떤 사람들은 자기-의심 때문에 고통을 당하기도 합니다. 기도의 여정은 좀처럼 편안하지가 않습니다. 하지만 테레사와 요한은 둘 다 말하기를, 하나님께서 한 영혼 한 영혼에게 '소중한 사랑'을 베푸시며, 우리의 존재 자체와 우리의 욕망, 그리고 우리가 지닌 것들 때문에 우리를 저마다 유난히 존중해 주신다고 합니다. 그리고 비록 이 영혼의 여정을 순차적인 단계에 맞춰서 엄격하게 구분할 수는 없지만, 그래도 이것이 하나의 과정 '이며,' 어딘가에서 계속 진행되고 '있다'는 것만은 사실입니다.

어떤 형태를 취하든지 간에, 영혼과 하나님의 움직임은 언제나 자유를 향한 길목에서 발견됩니다. 나머지 생활과 마찬가지로 기도 생활에서도 역시 그것은 의지로부터 자유로의 이동, 강요로부터 책임으로의 이동, 통제력 상실에 대한 두려움으로의 이동입니다. 그것은 '기능적인 무신론,' 노력에 따른 자발적 성취만이 유일한 희망이라는 확신으로부터 자유로의 이동입니다. 그리고 그것은 단순한 사랑의 실재와 인정을 '위한' 자유로의 이동입니다. 이 세상의 신적인 영에게 응답하고 거기에 참여하려는 의지, 과격한 사랑의 행위를 허용해 주는 신뢰의 확신을 위한 자유로의 이동입니다.

영성 생활에서 어떤 경험을 얻게 될 때마다 사람들은 관상과 합일의 순간을 좀 더 쉽게 인식하게 됩니다. 뿐만 아니라 사람들은 공포감이나 의존심의 상대적인 부재 상태에서 좀 더 완벽하게 그 순간들을 즐길 수 있습니다. 지금 진행되고 있는 일은 일종의 '몸 컨디션을 망가뜨리는 행위'이며, 이 때문에 선택의 여지가 전혀 없는 습관적 유형으로 속박하는 대신에, 삶의 진실한 상황에 대한 자유로운 유용성과 신뢰성이 생겨나게 됩니다. 이것은 분명 명상으로부터 관상으로의 전환이며, 삶의 다른 모든 측면들처럼 기도 가운데 발생하는 일입니다.

이러한 해방의 과정에는 출발점이나 도착점이 뚜렷하게 정해져 있지 않습니다. 처음부터 완벽하게 비관상적인 사람은 아무도 없는 것처럼, 끝까지 완벽하게 관상적인 사람도 전혀 없습니다. 그러나 성장과 심화의 과정은 언제나 점점 더 관상적인 삶을 향하여 진행됩니다. 내 생각에, 이 성장과 심화의 과정은 전부 영혼의 어두운 밤이 계속 진행되는 과정의 일부인 것 같습니다. 그리고 이것은 사람마다 독특한 방식으로 발생할 것입니다. 테레사는 자신의 경우 이 과정이 20년 동안이나 지속되었으며, 자기 자신의 관상적인 기도로 말미암아 어느 정도 위로를 받기까지 했다고 말합니다. 한편 그녀가 아는 사람들 가운데에는, 그 과정이 불과 며칠밖에 안 걸린 사람도 있다고 합니다.

영혼의 어두운 밤은, 언제 어떻게 다가오느냐에 상관없이, 구속에서 벗어나 기도와 다른 모든 생활 측면의 자유로 전환하는 것입니다. 기도 생활에서는, 명상의 특징이라 할 수 있는 개인적 통제와 노력으로부터, 관상의 특징이라 할 수 있는 의지와 단순한 존재로의 이동이 일어납니다. 기도 생활에서 이따금씩 의지와 통제가 약해지는 것처럼, 나머지 삶에서는 의지와 신뢰가 더 강해질 수도 있습니다.

그 과정은 언제까지고 계속됩니다. 내가 아는 한, 영혼의 어두운 밤은 결코 끝이 없습니다. 내 경우, 그것에 관하여 가장 큰 희망을 품을 수 있는 것은 바로 이 점입니다; '어두운 밤은 다름 아니라 우리와 신과의 지속적인 관계입니다.' 그러므로 이것은 우리의 이해와 파악이 미치지 않는 곳에 언제나 신비롭고 어두운 채로 남아 있어야 하며, 오로지 짧은 순간 동안 여명의 빛을 통해서만 밝혀질 수 있습니다. 따라서 이 과정은 결코 끝나지 않습니다; 사랑을 위하여 점점 더 친숙한 자유의 층들을 밝히면서 좀 더 심화되어 갈 뿐입니다.

어두운 밤이 점점 깊어갈수록 우리는 신비의 사랑을 회복해 가는 자기 자신을 발견하게 됩니다. 우리들 가운데 대부분은 어린 시절 신비와 좋은 친구 관계였습니다. 세상은 신비로 가득 차 있었으며, 우리는 신비를 사랑했습니다. 그러다가 점점 더 나이가 들면서, 우리는 신비란 오로지 풀어 헤쳐지기 위해서만 존재한다는 식의 세뇌 교육을 서서히 받아들이게 됩니다. 우리들 대부분의 경우, 신비는 이제 하나의 적수가 되어 버렸습니다; 무지는 연약함과 동일시되어 버렸습니다. 관상적인 영성 생활은 이러한 순응의 지속적인 반전입니다. 이것은 느리며 때로는 고통스러운 과정입니다. 또다시 "어린애처럼 작은" 존재가 되는 과정입니다. 이 과정 속에서 우리는 먼저 신비와 친구가 되고, 결국에는 그 신비와 사랑에 빠지게 됩니다. 그리고 그 사랑 속에서 우리는 점점 더 증가하는 자유를 누리게 됩니다. 우리의 진정한 정체성을 지닌 그런 존재가 '될 수 있는' 자유 말입니다. 이 정체성은 지속적으로 출현하는 것으로서, 결코 한정되어 있지 않습니다. 이제 우리는 스텝을 어떻게 밟아야 하는지 전혀 모른 채로도 얼마든지 삶의 춤에 동참할 수 있는 자유를 누리게 됩니다.

이 자유를 특징짓는 어두움, 곧 거룩한 무지^{unknowing}는 혼동과 무식^{ignorance}의 반대 개념입니다. 신비가 우리의 적일 경우, 그래서 우리의 운명을 좌우하려면 반드시 그 신비를 벗겨내야 한다고 느껴질 경우, 바로 그럴 때 혼동은 발생합니다. 한편, 무식은 우리가 모른다는 사실조차도 모르는 것입니다. 우리는 밤의 자유를 통하여 이제 모든 것들을 분명히 밝혀내야 한다는 압박감으로부터 해방되었습니다. 이제 우리는 자신이 모른다는 것을 알아감으로써 오히려 기쁨을 누리게 되었습니다.

어두운 밤의 가장 큰 역설은 아마도 그것이 너무나 모호하고 신비로운 것이어서 우리 힘으로는 도저히 그것을 제대로 파악할만한 길이 없다는 사실일 것입니다. 우리는 우리 삶 속에 내재한 신비가 지속적인 어두운 밤의 증거라는 사실을 지성적으로 추측할 수가 있습니다. 그리고 우리는 혼동이나 상실, 또는 단념의 경험들이 밤의 해방 과정에 속하는 일부분이라는 사실을 믿으려고 노력할 수도 있습니다. 그러나 확실한 방법은 아무것도 없습니다. 우리는 고통스러운 경험이 의미를 지닌다고 믿고 싶어할 수도 있고, 그러한 경험이 우리를 어쨌든 좀 더 커다란 자유로 이끌어 줄 것이라고 믿고 싶어할 수도 있습니다. 그러나 우리의 정신은 오로지 우리가 실수를 저질렀을 경우에만, 무언가 잘못을 했을 경우에만 그런 경험을 하게 되는 것이라고 말하는 듯합니다. 역설적이게도, 이것은 우리가 영혼의 어두운 밤을 진정으로 경험하게 될 경우에만 생겨나는 것 같습니다.

테레사와 요한은 이러한 역설을 너무나 잘 이해하고 있었습니다. 그들은 우리에게 자기 자신의 개인적인 지식이나 인식에 의지하여 우리 경험의 본질을 결정지어서는 안 된다고 충고해 주었습니다. 우리는 타인들의 충고에 절대적으로 의지해서도 안 됩니다. 최종적인 분석에 따르면, 우리는 그저 하나님의 영속적인 선하심에 절대적으로 의지해야만 합니다. 테레사와 요한이 우리를 돕고자 하는 노력은 비단 여기에서 그치지 않았습니다. 더 나아가, 그들은 선의에서 비롯된 무지한 영성적 안내의 해로운 영향에 대해서도 너무나 잘 알고 있었습니다. 그리하여 그들은 사람들이 하나님과 함께 순례하는 과정에서 실제로 겪게 되는 경험들에 관하여 최대한 자세히 설명해 주었습니다. 또한 요한은 영혼의 어두운 밤을 특징짓는 세 가지 신호를 자세히 설명해 주었습니다.

제 5 장

세 가지 신호와 세 가지 영

밤의 심리학

나는 유혹 이외의 모든 것에 저항할 수 있습니다.

—오스카 와일드[1]

　앞에서 말한 것처럼, 영혼의 어두운 밤은 자신의 삶을 억지로 통제하려고 애쓰는 것으로부터 벗어나, 신실한 자유와 하나님을 향한 개방성, 그리고 삶의 실제적인 상황들로 나아가려는 지속적인 변화입니다. 기도의 경우 역시 마찬가지입니다. 명상을 위한 노력과 강력한 혼동이 점점 더 편안해지면서, 관상의 의지적인 수용성이 점점 더 자라나는 것입니다. 삶 속에서 그 과정은 종종 공허감과 예전의 생활방식을 유지하기 위한 에너지의 결핍으로 특징지어집니다. 이와 마찬가지로, 사람들은 종종 예전의 기도 방식에 대하여 점점 더 무미건조하다는 느낌, 위로가 되지 못한다는 느낌, 명상을 위한 에너지가 부족하다는 느낌을 받게 됩니다.

그러나 늘 그렇듯이, 그 과정은 언제나 모호합니다; 사람들은 무슨 일이 일어나고 있는지를 전혀 인식하지 못합니다. 보통은 뭔가가 잘못 되어 가고 있다는 느낌이 들지요: 게으름, 나른함, 의기소침, 또는 그 밖의 영성적·심리적 문제들이 발생하고 있다는 느낌 말입니다. 진실— 무미건조하고 공허하다는 느낌은 좀 더 자유로운 삶과 좀 더 심오한 기도를 위한 산통이라는 사실—은 고려의 대상이 거의 되지 못합니다. 관상의 희미한 빛이 막 나타나기 시작할 당시에는 너무나도 어둡고 미묘해서 사람들은 그 빛을 곧잘 간과해 버리기가 쉽습니다. 요한은 다음과 같이 말합니다: 관상의 시작은 "그것을 경험하는 사람 자신에게도 비밀스럽게 감추어져 있다……그것은 마치 공기와도 같아서, 사람들이 제아무리 붙잡으려 할지라도 결국 도망치고 만다."[2]

밤의 신호들

요한의 저서들을 보면, 그의 최대 관심사는 바로 명상과 관상 사이의 이러한 변화를 겪고 있는 사람들입니다. 그는 자기 마음이 "이러한 변화를 암시해 주는 경험들을 제대로 알아차리지 못하거나 또는 오해해 버리는 사람들에 대한 자비와 슬픔"으로 가득 차 있다고 말합니다. 요한은 이 모호함 자체가 하나님의 신실하신 돌봄의 증거라는 사실을 잘 알고 있습니다. 하지만 그는 이 과정이 좀 더 용이해지도록 최선을 다

하고자 합니다.[3]

사람들이 기도 중에 어두운 밤의 혼동을 잘 통과할 수 있도록 도와주기 위하여, 요한은 진정한 어두운 밤 경험과 그 밖의 잠재적인 원인들—"죄와 결함, 연약함, 욕망 부족, '우울증' *depression, melancholia* 과 신체적 질병"—을 서로 구별할 수 있는 세 가지 신호에 관하여 설명합니다.[4]

요한은 이 신호들이 "영성적인 사람이라면 얼마든지 스스로에게서 감지할 수 있는 것"이라고 말합니다.[5] 하지만 내가 경험한 바에 따르면, 그 신호들을 자기 자신에게 적용한다는 것은 매우 어려운 일입니다. 비록 모든 신호들이 존재한다 할지라도, 사람들은 보통 자신이 경험하고 있는 게 정말로 영혼의 어두운 밤이라고 주장하기를 꺼리게 됩니다. 이것은 아마도 밤의 지속적인 모호성 때문일 것입니다. 어쩌면 그것이 밤이라고 주장하는 게 거만하다고 느껴져서일 수도 있습니다. 나는 사람들이 다음과 같이 말하는 것을 여러 차례 들었습니다: "어두운 밤은 나를 위한 것이 아니라 거룩한 사람들을 위한 것이지요."

그렇다면 요한의 신호는 어두운 밤이 자기 안에 '없다'는 사실을 깨닫는 데에 좀 더 도움을 줄 수도 있을 것입니다. 요한 자신이 주장하고 있는 것처럼, 그 신호들은 어쩌면 진정한 어두운 밤 경험을 하고 있는 사람의 '친구들에게' 가장 큰 도움을 줄 수 있을지도 모릅니다. 비록 우리가 자기 안에서 어두운 밤의 은총과 영광을 보기가 거의 불가능하다 할지라도, 다른 사람에게서 그것을 발견하는 일은 종종 있을 수 있기 때문입니다. 양쪽의 경우 모두, 나는 부디 이 신호들을 자기 또는 타인의 어두운 밤을 "규명하기" 위한 독단적 기준으로 사용하지는 말아 달라고 당부하고 싶습니다. 좀 더 나은 방법은, 요한이 그 신호들에 관하여 말한 것들이 직접 그 과정 전체에 관한 우리의 평가를 증명할 수 있도록 내버려 두는 것입니다.

요한은 이 신호들에 관하여 저서마다 조금씩 다른 방식으로 설명합니다. 여기에서 나는 현대의 독자들이 이해하기 쉽도록 그 신호들을 정리하고자 노력했습니다. 그리고 요한은 그 신호들을 주로 기도 경험과 관련지어 설명하지만, 나는 삶의 다른 상황에서 발생하는 몇몇 경험들까지도 포함하였습니다.

1. 기도와 삶의 무미건조함, 무기력함

첫 번째 신호는 기도의 위로가 줄어들고 나머지 삶의 만족도 줄어든다는 것입니다. 요한의 말에 따르면, 영혼은 "하나님의 세계에서도, 다른 어떤 피조물의 세계에서도 전혀 위로를 찾을 수 없다"고 합니다.[6] 예전엔 보람 있고 풍요로웠던 명상의 방법들도 이제는 공허해 보일 뿐입니다. 에너지가 넘치고 생명을 불어넣어 주었던 관계와 노력들도 이제는 모두 그 불꽃을 상실한 것처럼 보입니다.

요한은 사람들이 이렇게 만족감이 시들어 가는 것을 경험하는 이유는 지성과 기억력과 지력과 감각이 총체적인 자극에 따라 너무나도 미숙하고 무뎌져서 하나님이 제공해 주시고 있는 좀 더 심오한 지혜의 절묘함과 미묘함을 결코 알아채지 못하기 때문이라고 말합니다. 테레사의 표현을 그대로 빌리면, 사람들이 관상의 위로^{gustos}를 음미할 수 있으려면 먼저 자신의 습관적인 위안^{contentos}을 상실해야만 합니다.

사람들은 자신의 습관적인 위로가 줄어드는 것을 경험하게 될 경우,

보통 좀 더 많은 노력을 기울이고 좀 더 많은 에너지를 투자하고자 노력하게 됩니다. 그러나 그런 식의 노력은 아무 소용도 없습니다. 흘러간 팝송 가사처럼 말이죠. "난 도무지 만족을 누릴 수가 없네—그래서 난 노력하고 또 노력한다네……" 그들은 아무리 많은 노력을 기울인다 할지라도 예전과 똑같은 방식으로 기도하거나 삶을 이어갈 수 없다는 사실을 발견하게 됩니다. 요한은 이러한 신호가 어두운 밤의 무미건조함과 "죄와 결함" 때문에 발생하는 것 사이를 구별지어 준다고 말합니다. 후자의 경우, 사람들은 보통 다른 것들 속에서 어느 정도의 만족감을 누릴 수 있으며, 또한 어느 정도의 시간이 흐른 뒤에 다시 예전 방식으로 되돌아갈 수 있습니다. 하지만 어두운 밤에는, 예전 방식들이 모두 공허해 보일 뿐만 아니라 쉽사리 접근하기도 어려워 보입니다.[7]

2. 예전 방식에 대한 욕망 부족

우선적으로, 사람들은 예전의 기도 방식과 생활 방식을 개조하기 위하여 노력하기 마련입니다. 하지만 시간이 흐르고 실패를 거듭하면 할수록 그들은 이와 같은 노력이 자신의 진정한 욕망이 아니라 의무감이나 순전한 습관으로부터 비롯된 것이라는 사실을 깨닫게 됩니다. 비록 그 사실을 인정하기 싫긴 하지만, 점점 그들은 자신에게 동기가 결여되어 있다는 사실을 인정하게 됩니다. 예전에는 혼란스러운 명상과 자기 삶, 일, 그리고 관계에서의 온갖 노력과 분투에도 다 동기가 있었는데 말이지요. 그들은 예전의 방식으로 '되돌아가고픈' 생각이 전혀 없다는 점을 솔직히 승인하게 됩니다. 이것은 성취의 부족보다 더 심각한 문제가 될 수 있습니다. 그것은 관심의 부족이나 마찬가지이기 때문입니다. 요한은 이렇게 말합니다: "영혼은 고통스러운 관심과 더불어 하나님께로 향합니다. 자신이 하나님을 섬기는 게 아니라 오히려 하나님을 거부하고 있는 것이라고 생각하면서 말입니다." 그것은 마치 하나님을 배반하고, 자신의 친구들과 회사를 배반하고, 자기 자신의 영혼을 배반하는 것처럼 여겨집니다. 요한에 따르면, 이러한 깨달음이 주는 고통은, 지금의 무미건조함이 결코 느슨함이나 미적지근함에 기인한 것이 아니라는 사실을 암시해 주는 중요한 신호입니다. 그 사람은 결코 하나님을 잊어 버린 것이 아닙니다. 다만 커다란 고통과 슬픔을 갖고서 하나님을 기억하고 있는 것입니다. 그 고통과 슬픔은 '그저' 우울증, 곧 "침울함이나 그 밖의 어떤 기분"에 기인한 것만은 아닙니다. 요한은 우울증이 유일한 원인일 경우, "하나님을 섬기고자 하는 욕망은 전혀 존재하지 않는다"고 말합니다.[8]

3. 하나님을 사랑하려는 단순한 욕망

요한이 "가장 확실하다"고 말하는 신호는, 한 사람이 명상과 관련된 어떤 규범적인 "행동과 훈련들"이 전혀 없이, 그리고 "어떤 특별한 이해와 파악이 전혀 없이," "그저 내적인 평화, 고요함, 그리고 휴식 속에서……하나님의 말씀을 경청하며 홀로 남아 있고자 하는" 욕망입니다. 요한은 말하기를, 이 욕망이야말로 우울증이나 또는 혼수 상태를 야기하거나 아니면 사고를 방해할 수도 있는 그 밖의 어떤 장애 같은 명상의 장애물들과 어두운 밤 경험을 뚜렷이 구분해 주는 요인이라고 합니

다.[9]

이 세 번째 신호는 나머지 두 개의 신호와 관련지어 생각할 때 특히
더 분명해집니다. 첫 번째 신호 한 가지만을 경험할 경우, 나는 이렇게
생각할 수도 있습니다: '난 이제 더 이상 그걸 못할 것 같아.' 또 만일
누군가가 내게 그것을 정말로 '원하느냐고' 묻는다면, 나는 잠시 생각
해 보다가 슬프게도 두 번째 신호를 인정하게 될 것입니다. "아니, 난
이제 더 이상 그걸 진심으로 원하지 않는 것 같아." 그런 다음 질문자가
또 내게 묻기를 내가 '정말로' 원하는 게 무엇이냐고 한다면, 난 그 문
제에 대하여 좀 더 깊이 생각해 볼 것입니다. 내가 생각하는 기도와 삶
에 관한 온갖 이미지들을 정밀히 조사해 보아야 할 것입니다. 그러다가
결국 나는 마음 깊숙한 곳에서 우러나는 것처럼 여겨지는 욕망에 도달
할지도 모릅니다: '그게 무얼 의미하는지, 어떻게 해야 하는지는 모르
겠어. 하지만 내가 정말로 원하는 건 오로지 하나님과 함께 거하는 것,
하나님과 사랑 안에 거하는 것뿐이야.'

물론 이와 같은 질문들이 요구하는 신중한 성찰을 촉진시키는 방향
으로 이런 종류의 질문들을 제기한다는 것은 무척이나 어려운 일입니
다. 사람들은 자기에게 익숙한 결론으로 뛰어넘어 버리는 것을 훨씬 더
좋아합니다. '내가 게으른 것뿐이야.' 또는 '난 이제 더 이상 관심이 없
는 것 같아.' 이런 식으로 말입니다. 바로 이런 이유 때문에, 참을성 있
게 조심스레 질문을 던져줄 만한 사람—기도의 동역자 또는 영성 지도
자—이 있다는 것은 무척이나 도움이 되는 일입니다. 그런 동료들은 나
아가 사람들의 경험에 따른 심리학적 반응을 이해하는 데에도 많은 도
움을 줄 수가 있습니다. 이 동료들의 일부는 매우 충격적이고 보편적인

것으로서, 요한은 이들을 가리켜 "영들"^{spirits}이라고 불렀습니다.

밤의 영

요한은 〈어두운 밤〉^{Dark Night}이라는 시의 첫 번째 연에 대한 주석에서, 밤 동안에 세 개의 영이 사람들을 방문한다고 말합니다. 비록 그는 이 영들을 설명하는 데에 많은 시간을 할애하지 않았지만, 그의 설명은 심리학적으로 매우 정교하고 통찰력 있습니다. 요한의 묘사를 처음 읽자마자, 나는 나 자신이 이 세 가지 영을 아주 잘 안다고 생각했습니다. 나는 그 동안 상담을 통하여 만났던 사람들 속에서 이 영들을 수차례 만난 바 있으며, 나 자신 속에서도 이들을 자주 보았습니다.[10]

요한은 이 영들이 성가시긴 하지만 하나님께로부터 온 것이 분명하다고 말합니다. 하나님은 다가올 변화의 "심오한 지혜와 섬세한 찬양"에 적합하도록 감각과 재능을 좀 더 준비하기 위하여 그 영들을 사용하십니다. 밤이 시작될 당시에는 지능과 기억, 의지, 그리고 감각이 너무 투박하고 무디기 때문에 관상의 미묘한 것들까지 다 알아챌 수가 없습니다. 그러므로 그것들을 좀 더 다듬고 기세를 돋워야만 합니다. 이러한 과정을 돕는 것이 바로 그 세 영들입니다. 결국 이 세 가지 영은 도움을 주기 위하여 존재한다고 볼 수 있지요. 하지만 밤의 다른 많은 요소들과 마찬가지로, 이 보완적인 특징 역시 숨겨져 있습니다; 따라서 사람들이 이 영들과 만났을 때, 이것들은 아무런 도움도 안 될 것처럼 보입니다.

1. 간음의 영

대중적인 의미에서 볼 때, 간음은 부도덕한 성 행위를 의미합니다. 하지만 좀 더 심오한 신학적 성찰을 통하여 이 용어는 더 폭넓은 의미를 지니게 됩니다. 좀 더 큰 의미의 간음은 우상숭배, 곧 하나님과 하나님의 길을 떠나 인간적인 만족을 추구하는 것을 의미합니다. 나는 요한이 간음의 영을 이야기할 때 바로 이런 이해를 지니고 있다고 믿습니다. 요한에 따르면, 이 영은 상상력에 호소하는 "강력하고 지독한 유혹으로 영혼을 괴롭힙니다." 심리학적으로 볼 때, 그와 같은 경험은 어딘가에서 만족을 찾으려고 애씀으로써 정신을 무모하게 채찍질하는 것과도 같습니다. 우리가 기도와 생활 모든 면에서 반복적으로 무미건조함과 공허함을 경험할 경우, 우리의 상상력은 마구 미쳐 날뛰게 될 것입니다— '아직은 삶으로부터 큰 쾌감을 얻을 수 있는 뭔가가$^{some\ way}$ 분명히 있을 거야.' [11]

흔한 예로, 사람들이 현재 '중년의 위기'라고 일컫는 것의 특징인 행동과 판타지의 부절제를 들 수 있습니다. 물론 그러한 위기가 전부 다 영혼의 어두운 밤에 속하는 것은 아닙니다. 하지만 몇몇 경우는 분명히 영혼의 어두운 밤의 일부이며, 일이나 관계나 그 밖의 노력들에서 거의 만족을 느끼지 못하는 것이 바로 이것의 특징입니다. 평상시의 만족 수단들이 다 무미건조해 보일 때 그것을 대신할만한 다른 수단들을 추구하는 것은 너무나 당연한 일입니다. 그러나 거기에 너무 매달리다 보면, 때로는 요한이 그것을 가리켜 간음의 영이라고 부른 이유를 쉽게 이해할 수 있을 것만 같은 행동이나 판타지의 극한으로 치달을 수도 있습니다.

기도의 경우에도 이와 비슷한 일이 발생할 수 있습니다. 그 동안 나는 의미심장한 평화와 집중으로 나를 이끌어 줄 만한 명상의 방법들을 발견해 냈다고 생각한 적이 여러 차례 있었습니다. 그때마다 나는 마침내 "길"을 찾아낸 게 틀림없노라 믿고 싶었습니다. 하지만 그것도 잠시……그 방법들은 순식간에 시들어 버렸고, 결국은 공허하고 지루해졌습니다. 그러면 나는 그것들을 헛되게 하지 말아야겠다는 생각에서 다시금 노력을 기울이곤 하였지요. 그런 다음, 나는 점점 더 커져 가는 좌절감 속에서 뭔가 다른 것, 뭔가 신선하고 역동적이고 흥미로운 것이 없나 주변을 두리번거리곤 하였습니다. 그리고 이런 과정 속에서 나는 최초로 기도를 촉진시켜 주었던 사랑보다는 오히려 기도 그 자체로부터 만족스러운 경험을 얻는 일에 점점 더 많은 관심을 기울이게 되었습니다. 나로서는 이보다 더 정확한 간음의 정의도 없을 것입니다.

2. 신성모독의 영

요한의 경우, 신성모독의 영은 하나님께 분노를 퍼붓고픈 충동을 의미합니다. 고대의 시편이나 현대의 헤드라인을 보더라도, 삶의 비극을 동반하는 자연스런 울부짖음은 너무도 쉽게 눈에 띕니다. "왜 하필이면 저인가요, 하나님?" "제가 고통당할 때 주님은 어디에 계셨나요?" 물론 모든 비극적인 경험들이 다 어두운 밤의 일부라고는 할 수 없습니다. 어떤 경우엔 밤의 해방적 특성, 변화적 특성이 결여되어 있기도 하지요. 마찬가지로, 하나님에 대한 분노가 모두 다 하나님께로부터 온

신성모독의 영을 표현한 것이라고 볼 수도 없습니다. 하나님께로부터 온 영은 언제나 구원적인 특성을 지닙니다. 이 경우엔 재능의 손질과 예민화가 그 특징입니다. 그렇지만 종종 이것은 일이 다 벌어지고 난 뒤에야 비로소 인식할 수 있는 경우가 많습니다.

요한은 신성모독의 영을 기도 상황에서 발생하는 것, 특히 감각의 어두운 밤에 기도하는 상황에서 벌어지는 것으로 설명합니다. 이것은 지속적인 만족의 부재에 대한 자연적인 반응으로서, 간음의 영 뒤를 바싹 따라 옵니다. 만일 과거에 실행한 기도나 명상이 나에게 하나님의 현존감이나 안전한 하나님 이미지를 제공해 주었다고 한다면, 이제는 그와 같은 위로들이 연기처럼 사라져 버린 듯 여겨집니다. 나는 다시금 부지런히 다른 형태의 명상을 시도하려고 애를 쓸 것입니다. 그러나 그 어느 곳에서도 만족을 얻지 못할 겨우, 나는 하나님께 분노를 터뜨리게 될 것입니다. 그것은 너무나도 자연스런 반응입니다. 영이 그러한 반응을 이끌어 내야 할 필요는 거의 없습니다. 나는 내가 할 수 있는 일을 다 했다고 생각합니다. 그러나 하나님은 여전히 아무런 대답도 없습니다. 어쩌면 나는 진지하게 전심으로 하나님 경험이라 생각되는 것들을 위하여 기도해 왔을 것입니다. 그런데도 하나님은 나타나시기를 거부하고만 계십니다. 설상가상으로, 하나님은 분명히 존재하시는 것 같았다가도 어느새 사라져 버리고 안 계십니다. 예레미야서에서 하나님은 이렇게 약속하십니다: "너희가 온전한 마음으로 나를 찾기만 하면, 내가 너희를 만나 주겠다"(예레미야서 29:13~14). 그러나 예레미야서의 다른 부분을 읽어 보면, 그 약속이 완전히 깨져 버린 것처럼 보이기도 합니다: "주님께서 나를 속이셨으므로, 내가 주님께 속았습니다!"(예레

미야서 20:7)

요한이 분명히 밝힌 것처럼, 사라지는 것은 하나님 자체가 아니라 단지 하나님 '에 관한' 우리의 개념, 이미지, 감각일 뿐입니다. 이러한 포기는 우리에게서 그 우상들에 대한 애착을 제거해 주며, 나아가 진정한 하나님을 인식할 수 있도록 만들어 주기까지 합니다. 하나님은 그 어떤 사상이나 느낌으로도 파악할 수가 없는 분입니다. 그럼에도 불구하고 가끔씩 이것은 포기, 또는 배반으로까지 여겨집니다. 요한은 〈영성적인 성가〉라는 시의 첫째 연에서 다음과 같이 말합니다:

> Adonde te escondiste,
> Amado, ye me dejaste
> con gemido?
> Como el ciervo huiste,
> Habiéndome herido;
> Sali tras ti clamando,
> y eras ido.

> 당신은 어디에 숨으셔서,
> 사랑만 받고 신음하는 저를
> 내버려 두셨습니까?
> 당신은 제게 상처를 입혀 놓고
> 수사슴처럼 도망쳐 버리셨습니다;
> 제가 당신을 부르며 달려 나갔지만

당신은 이미 가버리고 없으셨습니다.[12]

마찬가지로, 테레사의 시 가운데서도 다음 부분에 관하여 한 번 생각해 볼까요?

> Mi alma afligida
> Gime y desfallece.
> Ay! Quien de su amado
> Puede estar ausente?
> Acabe ya, acabe.

> 괴로운 내 영혼이
> 한숨을 짓고 실신하네.
> 아! 그 누가 사랑하는 이의
> 부재를 견딜 수 있으리오?
> 이제 모두 끝이 났으면.[13]

위의 시는 신성모독이라는 느낌이 거의 들지 않습니다. 하지만 이 시는 자기 삶 속에서 가장 깊이 사랑하는 것으로부터 버림받은 듯한 느낌 때문에 겪는 고통을 표현해 주고 있습니다. 요한은 노골적인 분노의 표출을 인정하지 않습니다. 그는 이렇게 말합니다: "영혼은 [신성모독적인 생각들을] 큰 소리로 말하게끔 '거의' 만들어졌으며," 이것은 "심각한 골칫거리"입니다. 테레사는 이 점에 관하여 좀 더 단도직입적으

로 말하였습니다: 특별히 안 좋은 일을 경험한 다음, 그녀는 두 눈을 들어 하나님을 바라보고 다음과 같이 말하였습니다. "만일 이것이 당신께서 당신의 친구들을 대하는 방식이라면, 당신이 그토록 친구가 없는 것도 전혀 이상한 일이 아닙니다!" [14]

3. 현기증의 영

세 번째 영에 이르자 요한은 이제까지 쓰던 스페인어를 버리고 갑자기 성경의 언어인 라틴어를 사용하기 시작합니다. 그는 이사야서의 본문 내용 중에서 스피리투스 베르티지니스 *spiritus vertiginis* 라는 용어를 골라내었습니다. 그 본문에서 하나님은 혼동의 영, 곧 문자 그대로 "현기증 나는 영"을 보내어, 이집트로 하여금 "모든 일에 잘못을 저지르도록 하셨습니다. 마치 취한 자가 토하면서 비틀거리듯, 이집트를 그 꼴로 만들었습니다"(이사야서 19:14). 별로 호소력이 없는 설명에도 불구하고 스피리투스 베르티지니스 *spiritus vertiginis* 는 내가 가장 좋아하는 것입니다. 이 영은 언제나 내 속에 거하는 것들 가운데 하나입니다. 이 영은 아마도 나 같은 사람들, 그러니까 '자신이 이해할 수만 있다면 얼마든지 옳게 만들 수도 있다'는 식의 사상을 절대로 포기하려 들지 않는 사람들을 위하여 특별히 고안된 듯합니다. 우리는 예전의 의지력과 그것에 따른 만족감을 완전히 상실한 상태에서, 도대체 자신이 어디에서 발을 헛디뎠는지 그 지점을 알아내고자 필사적인 노력을 기울입니다. '여기에서 도대체 무슨 일이 생긴 것일까? 난 어느 지점에서 길을 잘못 들어선 것일까? 어쩌면 내 문제는 여기에 있는지도 몰라……아니야, 어쩌면 그게 아닐지도 몰라……아마도 이것을 시도해 봐야 할 거야……아니면 저것을……난 그저 지금보다 더 부지런해지기만 하면 되는 거야! 내가 노력만 한다면……' 우리는 자신의 삶 속에서 좀 더 통제가 잘 될 것 같은 셀 수 없이 많은 해결책들을 만들어 냅니다; 우리는 자기 수양 서적을 읽고, 워크숍에 참여하고, 자기가 생각해 낼 수 있는 모든 것들을 실천합니다. 물론 그것들은 다 실패하게 됩니다. 그러면 우리는 그 어느 때보다도 더 혼동 상태에 빠지게 되지요. 요한은 그것을 고통스러울 정도로 예리하게 묘사합니다: "이 영은 우리의 감각을 흐리게 하고, 사람들에게 수천 가지의 가책과 곤혹스러움을 안겨 줌으로써, 그 어떤 것으로도 결코 만족감을 누리지 못할 것이라는 저주를 내립니다……이것이 바로 이 어두운 밤의 극심한 자극과 공포들 가운데서 가장 심각한 것이라 할 수 있습니다."

조만간 포기 외에는 아무것도 남지 않게 됩니다. 그리고 바로 그 순간이야말로 "현기증을 일으키는 영"이 목표하는 순간입니다. 포기하는 순간마다 인간의 재능은 점점 더 공허해지고 예민해지며, 반대로 하나님에 대한 의존은 점점 더 심화되기 마련입니다. 요한은 말하기를, 하나님이 이 "꺼림칙한 영"을 보내신 것은 영혼을 몰락시키기 위함이 아니라 오히려 영혼이 "지혜와 연합할 수 있도록" 준비시켜 주시기 위한 것이라고 합니다.

효과

만일 내가 요한을 제대로 이해한 것이라면, 이 세 가지 영은 밤의 첫 번째 신호에서 설명했던 무미건조함이나 공허함과 공동으로 작용하는 것이라고 할 수 있습니다. 총체적인 효과는 인간의 재능들을 전체적으로 격려해 주고 다듬어 주는 것입니다: 지능, 기억, 의지, 상상, 그리고 감각. 이 재능들은 상황을 조절하고자 애쓰는 무모한 시도들 속에서 스스로가 훈련받고 강인해짐을 발견하게 됩니다. 그리고 수차례의 실패를 통하여 이 재능들은 좀 더 정교해지고 민감해집니다. 요한은 이것이 곧 다가올 관상의 세련된 은사를 맞을 준비를 갖추고 있는 것이라고 말합니다.

본질적으로 요한은 인간의 재능이 관상의 위로^(테레사의 구스토스*gustos*)를 감지할 정도로 충분히 정력적이거나 민감하진 못하다는 사실을 인정합니다. 인간의 재능은 커다란 만족을 누리는 데에 싫증이 났으며, 지나친 자극으로 인해 무뎌졌습니다. 감각의 어두운 밤은, 무미건조함과 그에 따른 영들을 통하여, 인간의 재능을 청결하게 다듬고 좀 더 정력적이고 예민하게 만들어 줍니다.

이것을 좀 더 현대적인 심리학 용어로 표현하면 다음과 같습니다. 우리들 가운데 대부분은 특별히 정교한 삶의 경험들에 대하여 점점 무뎌지거나 또는 '습관화되어 갑니다.' 우리 가운데 대부분은 과다한 자극과 감각의 과부하 세계에서 살고 있습니다. 그 사실을 깨닫지 못한 채 우리는 그것에 압도되지 않기 위하여 자기 자신의 인식에 반하는 방어책들을 선택하게 됩니다. 어느 정도까지는 이것이 우리의 민감성을 둔화시키고 우리의 인식을 무디게 만듭니다. 우리는 자신이 더 이상 어린 시절에 즐겼던 절묘한 느낌들, 부드러운 소리들, 정교한 향기들, 미묘한 감각들을 감지하지 못한다는 사실을 깨닫게 됩니다. 마치 '내성'을 경험하는—그 효과를 유지하기 위해서는 점점 더 많은 약을 투여해야만 하는—중독자들처럼, 우리들 가운데 대다수는 지속적인 만족감과 즐거움을 누리기 위하여 자신이 점점 더 강력한 자극을 필요로 하고 있음을 깨닫게 됩니다.[15]

여기에서 반드시 기억해야 할 중요한 사실은, 테레사와 요한이 이러한 부절제를 우리 인간의 심오하고 억누르기 힘든 하나님 추구로 규정한다는 점입니다. 우리는 궁극적인 만족을 찾기 위하여 쉬지 않고 노력합니다. 하지만 결국 우리는 자신도 모르는 새에 잘못된 길로 들어서고 맙니다. 우리는 하나님의 선하신 '것들' ^{things}을 우상으로 섬기게 됩니다. 그런 것은 단지 '나다' ^{nada} 곧 우리를 진정으로 만족시켜 줄 수 있는 유일하신 하나님 바로 그분의 무 $^{no\text{-}thing}$에 불과하다는 사실을 전혀 모른채 말입니다. 삶이 우리의 우상을 무너뜨리기 시작할 무렵에야 비로소, 우리는 그 동안 사방팔방 찾아다녔던 그 부드러운 은사에 대하여 자기 자신이 너무나도 무디고 둔했었다는 사실을 발견하기 마련입니다. 그것은 마치 우리가 아주 오랫동안 풍요로운 식사를 배불리 먹은 다음에는 찔끔찔끔 나오는 우물물의 섬세한 신선함을 결코 감지할 수 없는 것과도 같습니다. 또한 그것은 우리가 아주 오랫동안 소란스러운 제조 공장에서 망치질을 한 다음에는 더 이상 산들바람의 부드러운 속삭임을 들을 수 없는 것과도 같습니다.

그러므로 테레사와 요한은 밤의 '정화'가 모든 면에서 치유의 과정에 속하는 것이라고 말합니다. 그것의 여러 측면들이 고통스럽고 비참하게 여겨질 수 있습니다. 하지만 그것은 어디까지나 순수의 회복, 인지력과 민감성의 재확립, 심원한 평화와 강렬한 즐거움의 재탄생, 그리고 궁극적으로는 하나님과 인간과 세상을 향한 사랑의 충만함을 위하여 고안된 것입니다.

제 6 장

오늘의 어두운 밤
현대적 상황

오, 땅이여,
그대 앞에서 달리며
바다 밑을 지나가는
이 속삭임들은 무엇인가?
모든 나라가 연합하고 있는가?
온 세계가 오직
한 마음으로
뭉치게 될 것인가?

─월트 휘트먼[1]

테레사와 요한은 그 당시만 하더라도 불가사의하게 여겨졌던 인간 심리학의 이해를 논증합니다. 그들은 지그문트 프로이트보다 4세기나 앞섰던 그 시절에 이미 인간의 무의식이 작용한다는 사실을 알고 있었습니다. 그들은 후에 방어 기제, 행동 조절 장애, 중독성 장애, 정서 장애, 정신병이라고 불리게 된 여러 가지 심리학적 현상들에 관하여 놀라울 정도로 정확하게 설명하였습니다. 그리고 내가 판단하기에, 그들은 오늘의 대다수 신경학자들보다 의식과 관심의 원동력에 관하여 좀 더 명확한 통찰력을 지니고 있었던 것으로 보입니다.

나는 테레사와 요한이 그렇게 뛰어난 심리학자가 된 데에는 몇 가지 이유가 있다고 생각합니다. 첫째, 그들은 관상을 중시하는 다른 사람들처럼 자기 자신의 내면적 삶에 대하여 예리하고도 폭 넓게, 그리고 직접적으로 주의를 기울임으로써 자신의 심리학을 직접 체득하였습니다. 그들은 이 경험에 관하여 깊이 성찰한 다음, 그 의미를 파악하고 통합하여, 다른 사람들에게도 쉽게 이해시킬 수 있는 방향으로 그것을 논리 정연하게 표현하고자 하였습니다. 나아가 그들은 공동체 속에도 깊이 몰두하였습니다. 그들은 영성 지도자로서 수많은 개개인들의 내면적 삶에 참여하였으며, 또한 공동체 지도자로서 공동 작업과 권력 투쟁, 그리고 그 밖의 집단 원동력 차원들에도 깊숙이 관여하였습니다. 여기에서 가장 중요한 것은, 테레사와 요한이 시와 설화, 비유, 개념 등을 통하여 자신의 통찰들을 전달할 수 있는 매우 절묘한 은사를 받았다고 하는 사실입니다.

나에게서, 테레사와 요한의 통찰을 현대 심리학에 비추어 살펴보고, 나아가 그들이 지난 4세기 동안의 학문적 발달에 대하여 어떤 반응을 보일지 숙고해 본다는 것은, 도저히 저항할 수 없는 달콤한 발상입니다. 그러한 성찰의 가능성은 그야말로 끝이 없습니다. 하지만 나는 여기에서 다섯 가지의 현대적 상황에만 논의를 한정 지을 생각입니다: 우울증, 중독, 성격과 성별, 영성적 친교, 그리고 사회적 체계.

어두운 밤과 우울증

영혼의 어두운 밤이 우울증과 혼동될 수 있다는 생각은 결코 새로운 게 아닙니다. 어떤 면에서 보면, 테레사와 요한이 오늘의 학자들보다 훨씬 더 이것에 관심을 기울였던 것으로 보입니다. 16세기 무렵 스페인 사람들은 오늘보다 훨씬 더 정신병에 영성을 부여하고, 그것을 천사나 악마의 세력에 귀속시켰습니다. 테레사와 요한은 우울증^{melancholia}이나 또는 "다른 어떤 나쁜 기분" 때문에 고통 받고 있는 사람들이 정확한 원인을 규명 받고 필요한 처방을 받을 수 있는가 하는 문제에 많은 관심을 기울였습니다. 이것이 바로 요한이 밤의 세 가지 신호를 발달시키게 된 근본적인 동기들 가운데 하나였습니다. 요한과 테레사는 둘 다 좀 더 해방적인 영성 경험들로부터 사람을 쇠약하게 만드는 우울증을 구별해 내는 방법에 관하여 다른 많은 통찰들을 지니고 있었습니다.[2]

초기 저서인 〈마음의 돌봄, 정신의 돌봄〉$^{Care of Mind, Care of Spirit}$에서 나는 현대 심리학의 용어들을 사용하여 어두운 밤과 우울증을 구분해 내려고 노력하였습니다. 예를 들면, 나는 어두운 밤의 경우 인간의 유머 감각과 일반적인 효과, 그리고 타인에 대한 자비가 우울증의 경우처럼 언제나 악화 상태에 있는 것은 아니라고 주장한 바 있습니다. 또한 깊숙이 내려가는 듯한 느낌, 사람들이 실제로는 자신의 어두운 밤 경험을 좀 더 유쾌한 경험과 교환하지 않으리라는 느낌이 종종 존재합니다—
어느 단계에서는 그들이 이것의 의로움을 감지한 것처럼 보이기도 합
니다. 그리고 나는 어두운 밤 경험을 통하여 사람들과 동행하는 동안
한 번도 소극적인 느낌이나 분개심을 발견한 적이 없다는 사실을 지적
하였습니다. 하지만 우울증에 빠진 사람들의 경우에는 그러한 소극적
느낌이나 분개심이 많이 발견되는 법입니다.[3]

하지만 그리 간단한 문제는 아닙니다. 어쩌면 테레사와 요한의 구분
을 보완한 나의 구분 방법들은 영혼의 어두운 밤과 우울증이 서로 겹치
지 않는 범위 안에서 그것들을 서로 구별할 수 있도록 도와줄 수가 있
을 것입니다. 하지만 내 경험에 비추어 보건대, 사람들은 대체로 우울
증과 어두운 밤을 동시에 경험하는 경우가 많습니다. 줄잡아 말해도,
어두운 밤은 얼마든지 우울증이 될 수 있습니다. 비록 대부분의 어두운
밤 경험들이 해방감을 제공해 준다고는 하지만, 경우에 따라서는 어두
운 밤도 상실과 연루되고, 상실은 슬픔과 연루되며, 슬픔은 일시적으로
나마 우울증과 연루될 수가 있습니다. 이와 반대로, 다른 질병들처럼,
근본적인 임상 우울증도 어두운 밤 경험의 일부가 될 수 있습니다.

요한은 이러한 중복을 명쾌하게 인정합니다. 밤의 두 번째 신호에
관하여 논의하면서 그는 고통과 슬픔이 "때로는 우울감이나 또는 다른
어떤 기분에 따라 증가할 수도 있으며……실제로 그런 일이 자주 발생
한다"고 말합니다.[4] 어두운 밤과 우울증은 서로 공존하는 경우가 너무
흔하므로, 이 둘을 따로 구별하려 애쓰는 것은 그리 도움이 못 됩니다.
우울증의 원인과 치료에 관한 오늘의 이해에 비추어 볼 때, 우울증이
어두운 밤 경험과 연결되느냐의 여부에 상관없이, 그저 우울증이 발생

하는 장소를 밝혀 내고 그것을 적절하게 치료하는 것이 좀 더 중요한 일인 것 같습니다.

이 점을 나는 다시 한 번 강조하고 싶습니다. 그것이 불필요한 고통을 막아줄 수 있으며, 어떤 경우에는 생명을 구원해 줄 수도 있기 때문입니다. 만일 누군가가 심각한 우울증의 증상들을 겪고 있다면, 그 증상들을 인정하고 받아들이는 것이 중요합니다. 또한 그 사람이 우울증 치료에 관하여 최소한의 정신적 상담이라도 받아보는 것 역시 매우 중요합니다. 만일 그 사람이 이와 동시에 영혼의 어두운 밤의 증상들도 겪게 된다면 그것은 매우 놀라운 일일 것입니다. 하지만 어두운 밤의 존재도 우울증 치료를 주저하게 할 만한 요인은 전혀 못 됩니다. 최근에 발달한 약물 치료 덕분에 우울증은 이제 얼마든지 치료가 가능한 장애로 인정받게 되었으며, 따라서 우울증을 치료하지 않고 내버려 두는 것은 범죄 행위라고 할 수 있습니다.

임상적인 우울증 신호들은 오늘 널리 알려져 있습니다. 이런 증상들로는 집중력 저하, 결단력 저하, 지속적인 슬픔, 절망, 불안, 염세주의, 죄책감 또는 무가치감, 피로와 에너지 부족, 만성 불면증, 새벽에 깬다거나 늦잠 자는 것, 식욕 감퇴와 체중 감소 또는 과식과 체중 증가, 죽음이나 자살에 관한 생각 등이 있으며, 그 밖에 치료에도 반응을 보이지 않는 다양하고 지속적인 신체 증상들도 포함됩니다.[5]

몇몇 집단에서는 그 동안 우울증이나 다른 정신적 질병들을 치료하는 데 사용되어 왔던 약물 치료가 어두운 밤과 같이 좀 더 심오한 영성적 과정들을 다소 간섭할 수도 있다는 견해가 존재하기도 합니다. 하지만 그 무엇도 진실을 넘어설 수는 없습니다. 내 생각에, 어떤 질병을 치료하지 않고 내버려 둘 정도로 확실한 영성적 이유는 전혀 없을 것 같습니다. 요한 자신은 비록 정화를 시켜 주는 밤의 슬픔이 우울감에 따라 만들어진다 할지라도 "욕망은 여전히 하나님께 집중되어 있으므로……결코 실패하지 않는다"고 말합니다. 그에 따르면, 영혼의 감각적인 부분은 "연약해지거나 쇠약해질 수 있지만, 영은 강력하여 충분히 준비되어 있다"고 합니다.[9]

나는 어째서 사람들이 여전히 약물 치료가 인간의 영혼을 통한 하나님의 역사를 간섭할 수 있다고 생각하는지, 그 이유를 확실히 알지 못합니다. 아마도 약물 치료가 빈번히 남용되기도 하고, 또 때로는 사람들이 추구하는 영성적 위로의 대용물로 사용될 수도 있기 때문인 것 같습니다. 아니면 진정 작용만을 가져왔던 예전의 정신병 약물 치료에 대한 기억을 갖고 있기 때문인지도 모르지요. 아마도 가장 그럴듯한 이유는, 물질과 정신 사이의 지속적인 고전적 이원론—화학 약품 같이 육체적인 것들은 '좀 더 고상한' 정신적인 것들에 부정적인 영향만을 미칠 뿐이라는 견해—이라고 볼 수 있을 것입니다. 하지만 이러한 견해를 신뢰할 수 있으려면, 하나님의 은총이 너무나도 연약하고 무력해서 화학 약품 따위로도 금방 방해를 받게 된다는 신학을 지니고 있어야만 합니다. 테레사와 요한은 그런 식의 사고를 4세기 전에 이미 내던져 버렸습니다. 이제 우리 현대인들도 그들과 나란히 발맞추어 가야 할 때가 되었습니다.

비로소 우리가 그들을 따라잡기 시작했다는 증거가 몇 가지 있습니다. 한 가지 예로, 작가 주디스 후퍼*Judith Hooper*의 주장을 들 수 있습니다. 후퍼는 일단의 정신의학자들과 불교 수행자들을 대상으로 우울증에 관하여 인터뷰를 한 다음, 이와 같은 결론을 내립니다: "깨달음 이전에는 우울증 치료제를 먹고서 당신의 정신과 의사와 대화를 나누십시오. 깨달음 이후에도 우울증 치료제를 먹고서 당신의 정신과 의사와 대화를 나누십시오."[7]

어두운 밤과 중독

테레사와 요한은 애착에 관한 논의에서 '애호' *aficion*, '애정' *afeccion*, '애욕' *asimiento* 같은 단어들을 잘 짜맞추었습니다. 이 용어들은 단순한 즐거움에서부터 오늘 우리가 중독이라고 부르는, 선택의 여지가 전혀 없는 충동에 이르기까지, 사람의 마음을 끌어당기는 힘들을 광범위하게 가리킵니다. 앞에서 나는 애착이 인간 정신의 에너지를 동여 매고 우상들을 만들어 내서 우리를 그것들의 노예로 만드는 방법에 관하여 논의한 바 있습니다. 어두운 밤이 우리를 해방시키기 위하여 작용하는 것은 바로 그러한 노예 상태에서 비롯됩니다.

현대 심리학과 신경학은 애착과 중독이 신경계에서 어떻게 생겨나는지에 관하여 의미심장한 빛을 던져 주었습니다. 이제 우리는 중독성 화학 약품이나 행동, 그리고 금단 증상의 기제들까지, 신경 세포에서 일어나는 특별한 종류의 분자 변화들에 대해서 많은 부분을 알고 있습니다. 그렇지만 신경학은 앞으로도 기술적 진보와 더불어 더 나은 중독 치료제를 생산해 내야만 할 것입니다.[8]

그렇다고 의학이 중독 회복의 본질적인 영성적 특성을 대신할 수도 없습니다. 시간을 거슬러 올라가자면, 가장 효과적인 중독 치료법은

1930년대 알코올 중독치료를 위한 익명의 모임에서 처음 발달하기 시작했던 12단계 모델에 근거를 두고 있습니다. 그런데 이 12단계 치료법 가운데 처음 3가지 단계는 어두운 밤의 용어들과 놀라울 정도로 일치합니다. 그것들은 마치 테레사나 요한이 기록하기라도 한 것처럼, 개인적인 노력으로부터 영성적인 감수성으로의 변화를 아주 정확하게 묘사해주고 있습니다:

1. 우리는 스스로가 알코올을 통제할 능력이 없다는 사실—우리의 삶을 통제할 수 없게 되어 버렸다는 사실—을 인정하였습니다.

2. 우리는 우리 자신보다 더 강력한 힘이 우리를 건전한 상태로 회복시켜 줄 수 있다는 사실을 믿게 되었습니다.

3. 우리는 자신의 의지와 삶을 우리가 이해하고 있는 하나님 그분의 돌보심 쪽으로 향하게 하겠노라 결심하게 되었습니다.

삶을 위협하는 중독으로부터 막 회복되고 있는 사람들보다 더 잘 영혼의 어두운 밤을 이해할 수 있는 사람은 없을 것입니다. 알코올 중독치료를 위한 익명의 모임에서 몇몇 회원들은 스스로를 가리켜 "고마운 알코올 중독자들"이라고 부르기도 합니다. 그 중독이 결국엔 그들을 무릎 꿇게 만들었기 때문입니다. 그들이 자기 영혼의 진정한 깊이와 갈망을 발견할 수 있었던 것은 순전히 알코올 중독 덕분이었습니다.

그러한 영성적 깨달음은 때때로 우리가 "회복의 어두운 밤"이라고 부르는 전혀 다른 종류의 어두운 밤으로 이끌어 줄 수가 있습니다. 그것을 제대로 이해하기 위해서는, 회복이 사느냐 죽느냐의 문제임을, 그리고 더 높으신 힘에 의존하는 것만이 살 수 있는 유일한 길임을 확실히 알게 되었을 때 비로소 12단계의 프로그램이 가장 잘 "작용"한다는 사실을 깨달아야만 합니다. 이것은 특별한 종류의 영성적 여행을 위한 출발입니다. 여기에는 섬세하고 신비로운 내면적 갈망이 전혀 존재하지 않습니다. 다만 살아남아야 한다는 단순하고도 절박한 욕망이 있을 뿐이죠. 이렇게 절대적인 욕망이 지속되는 한, 사람들은 회복에 전적으로 매달림으로써 그 프로그램의 12단계를 차근차근 밟아나갈 수가 있습니다. 사람들이 예전에 지니고 있었던 하나님 이미지가 무엇이든지 간에, 현재의 하나님은 더 높으신 힘이자, 회복에 필요한 은총의 원천이며, 유일한 생존의 희망입니다.

대다수의 사람들은 여러 해 동안—아마도 자신의 전 생애 동안—이런 방식으로 회복을 이어가고 있습니다. 하지만 어떤 사람들은 길을 따라 걷다가 어느 지점에선가 뭔가 다른 것을 경험하기도 합니다. 한동안 그 프로그램을 잘 실행하다 보면, 하나님을 향한 절박한 '필요'^{need}에서 출발했던 것이 하나님을 사랑하고픈 '욕망'^{desire}으로 변해 가고 있다는 사실을 깨닫기 시작하게 됩니다. 마치 하나님께서 이렇게 말씀하시는 것 같습니다: "물론 나는 너를 구원하는 더 높은 힘이 되고 싶다. 하지만 난 너에게 좀 더 큰 존재가 되고 싶다. 난 너의 가장 깊은 사랑이 되고 싶다." 그리고, 간신히 받아낸 이 초대에 대하여 예스라고 응답할 수 있을 정도로 충분히 그 사람의 마음속에 있는 뭔가가 자유로워지게 됩니다. 어두운 밤의 특징인 모호함 속에서 강박 충동은 다시금 자유를 얻기 시작하며, 필수는 선택으로 변하게 됩니다.

예전에 우리는 회복의 대리자로서, 신적인 은총을 베풀어 주는 존재로서 하나님을 원했습니다. 하지만 이와 같은 욕망은 이제 하나님을 하나님 자체로서 사랑하는 쪽으로 발달하게 됩니다. 이것은 아름다운 사건이긴 하지만, 심각한 위협을 느낄 수도 있는 새로운 포기를 동반합니다. 새로운 사랑의 달콤함과 더불어, 회복에 대한 어떤 불확실함이 생겨납니다. 회복은 더 이상 유일하게 삶에서 가장 중요한 것이 아닙니다. 이제는 다른 뭔가가 그 자리를 대신하게 되었으며, 다시금 예전으로 되돌아가지나 않을까 하는 두려움이 점점 커져 가고 있습니다.

나중에 우리는 회복이 삶에서 가장 중요한 것으로서 하나의 우상처럼 되어 버렸다는 사실을 깨닫게 됩니다. 하나님은 단지 목적—회복—을 위한 수단에 불과했다는 사실을 말이지요. 그런 다음 어두움 속에서, 우리의 마음이 예스라고 대답하고 사랑이 점점 자라난 다음에, 회복이라는 우상은 비틀거리다가 무너지게 됩니다. 이제는 세력권이 바뀌었습니다. 회복은 이제 더 이상 목적이 아니며, 사랑의 섬김에서 그저 하나의 수단에 불과할 따름입니다.

밤의 모든 신호들은 바로 이 변화 속에 존재합니다. 전에는 효과가 있었던 것들이 이제 더 이상 효과 없게 되었고, 이전에 열정적으로 헌신했던 것들이 이제는 시들해졌습니다. 회복에 대한 필사적 욕망, 깊은 관심, 불안한 정적이 점점 더 위태로워집니다. 만일 비범한 통찰력과 그것을 인정할만한 용기를 지닌 사람이라면, 가장 깊숙한 욕망은 이제 더 이상 회복이 아니라 하나님 한 분뿐이라고 말해야 할 것입니다.

나는 특별히 축복 받은 이 골치 아픈 밤을 내내 여러 사람과 함께 걸었습니다. 그들은 회복되었다가 다시 재발하지나 않을까 모두들 두려워하고 있었으며, 그 중 몇 명은 실제로 재발한 상태였습니다. 그러나 그들 모두는 결국 더욱 더 심오한 자유를 누리게 되었습니다: 중독의 노예 상태로부터 자유를 얻었을 뿐만 아니라, 회복에 대한 예속으로부터도 자유를 얻게 된 것입니다. 이제 그들은 회복의 은총을 받은 일에도 감사를 드리지만, 그저 하나님과 이웃을 좀 더 완전하게 사랑할 수 있는 단순한 자유를 누리게 된 데 대해서 훨씬 더 많은 감사를 올리게 되었습니다.[9]

어두운 밤과 성격과 성별

눈송이들과 마찬가지로, 사람 역시 두 명이 아주 똑같이 생길 수는 없습니다. 하지만 과학자들이 그 형태(접시 모양, 모수석 모양, 기둥 모양 등)에 따라서 눈송이들을 범주화한 것처럼, 대중 심리학 역시 아주 다양한 특성들에 따라서 사람들을 범주화합니다. 지난 여러 해 동안 널리 보급되었던 인종과 민족의 범주는 이제 종종 부당하고 잠재적인 위험성까지 안고 있는 범주로 여겨지고 있습니다. 좀 더 최근에는 사람들을 성별, 성격, 그리고 기질의 특성에 따라 심리학적으로 범주화하는 것이 대중적인 추세가 되었습니다. 예를 들면, 여자들은 일반적으로 남자들보다 좀 더 감정에 치우치는 경우가 많은 것으로 생각되지요.

에니어그램의 '네 번째' 범주에 속하는 사람들은 극적인 경향이 있으며, 특별하게 느끼고픈 욕망을 지니고 있습니다. *MBTI*의 내향적인 사람들은 대규모 집단에 속하게 될 경우 불안감을 느끼는 경향이 있습니다. 비록 그러한 (내향성과 외향성 같은) 몇 가지 특성화가 통계학적인 타당성을 지니고 있다손 치더라도, 대개가 다 그런 것은 아닙니다. 대다수 사람들은 자신을 이해하고 자신과 타인의 관계를 이해함으로써 유용한 특징들을 발견해 냅니다.

테레사와 요한은 통찰력이 풍부한 심리학자였으므로, 인간의 성격이 매우 비슷하면서도 사실은 굉장히 다른 이유에 대한 현대 사회의 관심을 알게 되더라도 별로 놀라지 않을 것입니다. 하지만 우리가 그 동안 고안해 낸 온갖 측정법들과 우리가 스스로에게 붙인 과다한 꼬리표들을 그들이 본다면, 아마도 무척 매혹될 게 틀림없다고 한 번 상상해 봅니다. 테레사가 새로운 용어들을 음미하는 모습이 벌써부터 보이는 것만 같습니다.

그렇지만 나는 그러한 범주들을 영성 생활의 영역으로까지 확대하려는 시도에 대해서는 테레사와 요한도 그리 찬성하지 않을 것이라고 생각합니다. 또한 성격의 특징에 근거하여 영성 실제들을 처방하는 데 대해서는 특별히 더 반대할 것처럼 생각됩니다. 그들은 이렇게 말할 것입니다: "이건 하나님께서 하실 일이에요." 여기에서 나는 그들이 마치 이런 말을 한 것처럼 상상해서 기록하지만, 사실 이 대답이야말로 그들의 저서 내용과 일치한다고 나는 믿습니다. 그들은 개개인의 본질이 고유하다는 점, 그리고 하나님께서 개개인의 삶 속에서 행하시는 일들이 고유하다는 점을 강조하고 또 강조합니다. 그들의 경우, 서로 다른 경험을 설명해 주는 것은 그저 단순한 인간적 다양성이 결코 아닙니다; 개개인의 경험이 서로 다른 것은, 각 사람들의 존귀한 정체성을 전적으로 존중해 주시는 하나님의 "존중하시는 사랑"이 움직이는 방법 때문입니다. 내 생각에는, 바로 이런 이유 때문에 테레사와 요한이 기도나 명상의 방법에 대하여 별다른 제안이나 특별한 처방을 제시해 주지 않았던 것 같습니다. 그들은 이렇게 말합니다: "당신이 가장 사랑하는 것을 행하십시오. 나머지는 하나님께서 다 해주실 것입니다."

그러나 테레사와 요한은 현대의 일부 문학작품들, 특히 성별의 영역에 속하는 문학작품들에 금방 공감할 수 있을 것으로 보입니다. 비록 요한이 자신의 개인적인 경험을 아주 상세하게 묘사해 놓은 작품은 없지만, 그래도 그는 대체로 영성 생활이란 자신을 낮추는 과정이라고 생각하는 것 같습니다. 자아는 스스로 진로를 계획하고 스스로 운명을 통제할 수 있다고 여기는 가운데 약간 거만한 상태에서 출발하는 것으로 간주됩니다. 하지만 생활과 기도는 자아에게 그러지 말고 무릎 꿇고 항복하라고 가르쳐 줍니다―종종 발로 차고 소리도 지르면서 말입니다. 연합의 깨달음 속에서, 밤이 지나고 새벽이 와야만 비로소 영혼은 자신의 진정한 선과 미와 가치를 주장할 수가 있습니다. 이 과정은 확실히 인간의 영성적 경험에 관한 현대의 가장 대중적인 견해와 일맥상통합니다. 이것은 망상적인 거만으로부터 출발, 모욕을 거쳐서 자기-인정을 향해 나아가는 여정을 묘사해 줍니다.

테레사는 자신의 생활 경험에 관하여 좀 더 많이 이야기해 줍니다. 그리고 그것들 중 대부분은 오늘의 영성적 해방에 관한 '여성 이야기'라고 불릴 수 있을 것 같습니다. 그런데 테레사는 거만에서 출발하는 대신, 자기 자신은 의심하면서 다른 사람의 말만 믿으려 드는 의도적인 영성 생활을 시작했던 것처럼 보입니다. 그러다가 나중에는 좀 더 힘이 넘치는 여행, 자기 자신의 판단을 주장할 수 있는 여행, 그리고 자기만의 확신과 목소리를 발견하는 여행이 되었던 것 같습니다. 나는 여기에서 결론을 과장할 수도 있습니다. 하지만 테레사와 요한의 이야기가 현대의 성별 이해에 어느 정도 반향을 불러일으킨다는 사실을 부인할 생각은 전혀 없습니다.

성격의 라벨을 붙이는 일과 마찬가지로, 성별의 차이를 인정하는 것역시 그것을 뛰어넘어 진단 또는 처방의 정신구조로 나아가고픈 유혹은 언제나 존재해 왔습니다. 나는 테레사와 요한이 다음과 같은 뜻을내포하는 주장은 결코 하지 않았으리라고 생각합니다: "당신은 여자[또는 남자]이기 때문에, 당신의 영성 생활과 경험은 이러이러할 것입니다." 다시 말해서 그들은 한 사람의 영혼이 걸어가게 되는 특별한 길은오직 하나님의 고유하심, 사랑하심, 그리고 '언제나 예측 불가능한' 친절하심에 따라 결정되는 것이라고 확신하였을 것입니다.

테레사와 요한에 따르면, 영성 생활에서 가장 심오하고 변함이 없는요소는 성격이나 성별에 전혀 상관없이 모든 사람에게 똑같이 적용된다고 합니다. 그것은 바로 애착으로부터 해방되는 과정, 하나님과 인간을 사랑할 수 있는 자유의 성장 과정, 하나님 안에서 진정한 정체성을가지고 자기가 누구인지를 알아가고 자기를 실현하는 과정입니다. 그리고 그 과정의 대부분은 언제나 모호한 가운데 발생합니다. 하지만 이공통적인 토대를 넘어서서, 우리의 개인적인 이야기들은 우리들 저마다의 개성에 따라, 그리고 하나님이 우리를 사랑하시는 고유한 방법—단지 발견될 뿐이지 결코 설명할 수는 없는 방법들—에 따라 저마다의색깔과 특유한 성격을 지니게 됩니다.

어두운 밤과 영성적 친교

영성적 친교의 사역에서만큼이나 테레사와 요한이 인간의 고유성에 관한 관심을 강렬하게 표현한 곳도 없습니다. 그들은 셀 수 없이 많은 사람들에게 영성적인 방향을 제시해 주었습니다. 서약을 맺은 동료 종교 지도자들뿐만 아니라, 수많은 평신도들에게까지도 말이지요. 그들은 그런 관계가 제공할 수도 있는 잠재적인 도움—그리고 해—에 매우 민감한 반응을 보였습니다. 우리가 살펴본 바와 같이, 테레사는 자기 영성 지도자들과 관련하여 너무나도 끔찍한 경험을 많이 하였습니다. 요한이 영성 지도를 받은 경험에 관하여 우리가 알고 있는 사실은 거의 없지만, 그의 기록을 살펴보건대, 그의 동료들 가운데에도 이미 잘못된 영성 지도 때문에 상처 입은 사람이 여러 명이었다는 것을 확실히 알 수 있습니다. 테레사와 요한이 그 동안 우리의 영성 생활 평가에 기여한 온갖 것들 가운데서, 영성적 친교에 관한 그들의 통찰력은, 개인적 기도에 관한 그들의 지혜 다음으로 가장 큰 공헌을 하였습니다.

일반적인 충고로서, 테레사와 요한은 학문적이고 성경적인 관점에서 "학문을 닦고" 동시에 자기 자신의 기도 생활을 "직접 경험한" 영성 지도자를 찾아낼 것을 당부하였습니다. 그들은 이 두 가지 특성을 골고루 다 갖춘 지도자를 찾아내기가 매우 어렵다는 사실을 인정합니다. 따라서 그들은 필요한 경우 두 사람 이상의 지도자와 상담해 보라고 추천합니다. 가장 중요한 점은, 지도자의 선택이 기도하는 가운데 조심스럽게 이루어져야 한다는 사실입니다. 잘못된 지도의 예가 종종 발생하고 있으며, 그것은 매우 해로운 영향을 미칠 수 있기 때문입니다. 테레사는 다음과 같이 말합니다: "당신에게 작은 도마뱀 한 마리 잡은 걸로 만족하는 두꺼비가 되라고 가르치는 사람을 선택하지 않도록 주의하십시오."[10]

테레사와 요한의 저서를 살펴볼 때, 그들은 영성 지도자들이 저지르는 가장 보편적인 실수는 바로 너무 많은 것들을 시도함으로써 하나님이 한 영혼 안에서 베푸시는 귀하신 역사를 간섭하는 것이라고 여겼던 게 분명합니다. 요한의 말에 따르면, 이것은 마치 아름답고 세련된 그림이 예술이라곤 전혀 모르는 '조잡한 손길'에 따라 거칠어지고 퇴색되는 것이나 마찬가지라고 합니다.[11]

이것은 현대 사회를 위한 비판적 지혜입니다. 현대 심리학적 이론의 대중성 때문에, 하나님의 역사를 간섭하기 좋아하는 영성 지도자들의 성향은 그 어느 때보다 더 심각한 상태에 이르렀습니다. 심리학에 관한 우리의 지식은 스스로의 영성 생활을 분석하고 통제하고자 할 정도로 엄청난 도구 상자를 우리 손에 쥐여 주었습니다. 우리는 영성 지도에서 벗어나 심리 치료라는 가면 무도회로 나아가고픈 유혹을 물리치기가 너무나도 어렵습니다. 그러므로 중요한 것은, 영성 지도자들이 자기 자신의 일이 아니라 하나님의 일에 동참하고 있음을 언제나 염두에 두어야 한다는 사실입니다. 요한은 영성 지도자들 가운데서, 동료에게 알맞은 것이 무엇인지를 잘 안다고 생각하는 사람들, 또한 그것을 밝혀낼 수 있다고 생각하는 사람들을 결코 용서하지 않았습니다. 그런 영성 지도자들을 가리켜 그는 '해충' 또는 '눈먼 안내자'라고 불렀으며, "자기 재능으로 모든 걸 내리쳐서 부술 줄만 아는 대장장이"에 불과하다고 하였습니다.[12]

요한이 특별히 영혼의 어두운 밤을 경험하고 있는 사람들을 간섭하려 드는 영성 지도자들 때문에 괴로워했던 것은 얼마든지 이해가 가는 일입니다. 사람들은 그런 영성 지도자들과 무지한 결탁을 맺음으로써, 밤중에 하나님의 모호한 초대로부터 돌아서 버릴 수도 있고, "내 마음에 커다란 연민과 자비를 심어 주었다"고 요한이 말한 바로 그 가능성을 놓쳐 버릴 수도 있습니다. 이런 이유 때문에 요한은 〈생생한 사랑의 불꽃〉 *The Living Flame of Love*에 대한 그의 주석서에다 본론에서 벗어난 여담을 상당히 많이 첨가해 두었습니다. 거기에서 그는 영성 지도자들이 저지르기 쉬운 가장 보편적이면서도 가장 해로운 실수들을 몇 가지 설명하였습니다. 이러한 설명은 요한의 시대뿐만 아니라 지금까지도 읽어 볼 가치가 충분한 것입니다.[13]

첫째, 그는 영혼의 변화를 일으키는 기초 원동력이자 창시자는 어두운 밤을 경험하고 있는 그 사람도 아니고 지도자도 아니라 오직 하나님뿐이라는 사실을 강조합니다. 하나님은 "영혼이 모르는 장소로 손을 잡아 이끌어 줌으로써, 눈먼 영혼을 인도하십니다." 그런데 이 여행을 하는 동안 겪는 일들을 그 사람도 지도자도 둘 다 오해하는 것 같습니다. 감소된 동기를 수반하는 명상과 다른 훈련들은 종종 저항이나 권태, 불충분한 훈련처럼 느껴지기도 합니다. 그 사람은 예전의 방식으로 되돌아가기 위해서 자신의 의지력과 헌신을 새롭게 하고 싶어하는 것 같습니다. 만일 지도자가 특별히 겸손하거나 기도하는 맘이 아니라면, 자칫 문제를 해결하기 위하여 그러한 시도와 쉽사리 결탁하고 말 것입니다. 하지만 정작 지도자는 그 사람이 진정 원하는 것, 가장 좋아하는 것에 대하여 깊이 생각해 볼 수 있도록 서서히 부드럽게 도와주어야 합니다. 제5장에서 논의한 바와 같이, 여기에서도 영성적 친교의 가장 유용한 역할은 요한이 말한 두 번째, 세 번째 밤의 신호들을 해명하는 질문들을 던지는 것이라고 할 수 있습니다: "당신은 정말로 예전의 방식으로 되돌아가고 싶은가?" "그렇다면 당신이 가장 진심으로 원하는 것은 무엇인가?"

이런 식의 생각을 해보도록 격려하기 위해서는, 영성 지도자 쪽에서 문제를 규정하고 해결하는 데 대한 자신의 반사적 성향을 자제할 필요가 있습니다. 때때로 이것은 굉장히 힘겨운 일이 될 수도 있습니다. 예를 들면, 한 사람이 아무런 진보도 없이 침체되어 있을 경우, 영성 지도 역시 대체로 질질 끌게 됩니다. 하지만 영성적 "진보"는 고유한 특성을 지니고 있습니다. 특히 어두운 밤 동안에는 그것이 잘 안 보입니다. 영성적 진보는 영혼의 비밀스런 장소에서, 요한의 말처럼, "지성도 악마도" 도저히 닿을 수 없는 곳에 있습니다. 더욱이 그것은 종종 퇴보처럼 여겨지기도 합니다. 사람들은 의도적인 실행이 감소하는 것을 느낄 뿐만 아니라, 자기 자신의 권위를 주장하고 옹호함으로써 심리학적인 진보를 경험해 온 사람이라면 자신이 점점 더 소극적인 사람이 되어 가는 모습, 타인과의 관계 속에서 받아들이는 모습을 발견할 수도 있습니다. 요한은 밤의 전통에서, 영혼이 침체나 목적의 결핍처럼 보이는 것들을 참아 내는 것은 너무나도 당연하고 올바른 행동이라고 주장합니다. "영혼이 아무것도 안 하고 있다 하여 '영혼이 아무런 진보도 이루지 못하고 있다' 고 말하지 마십시오." 요한은 이렇게 충고합니다. "영혼은 아무것도 안 함으로써 위대한 일을 하고 있다는 사실을 내가 여러분에게 증명해 보일 것입니다." 침체나 퇴보로 보이는 것은 사실 비밀스런 의지력, 하나님이 그 사람의 마음속에서 행하실 일에 대하여 "예"라고 대답하는 것의 외면적인 모습일 수가 있습니다.

사람들이 과거에는 아주 생생했던 하나님 이미지와 개념들을 상실해 버린 경우에도 위와 같은 생각을 적용할 수가 있습니다. 개인이 자기 신앙의 증거이자 특징이라고 여겼던 것들이 다 사라져 버린 순간, 이제 더 이상 자신이 하나님도 믿지 못하는 게 아닌가 하고 의심하는 것은 밤의 경험에서 전혀 이상한 일이 아닙니다. 그러나 지각력이 있는 친교에 관한 한, 하나님을 향한 사랑은 여전히 남아 있습니다. 개개인이 느끼는 걱정과 자비 속에 예전보다 오히려 더 강하게 존재하지요. 요한은 이러한 신앙의 상실 역시 훌륭한 신호가 된다고 충고합니다. "하나님은 지성을 초월하시는 분이기에" 마음은 "그것이 이해하는 모든 것들을" 다 비워 내야만 합니다.

대체로 요한은 영성 지도자들에게 충고하기를, 그들이 돌보게 될 영혼이 하나님의 심오한 초대에—때로는 그게 무엇인지 이해할 수 없을 경우에라도—응답할 수 있어야 한다는 사실을 인정하라고 말합니다. 영성 지도자들은 영혼이 모든 면에서 자유로울 수 있도록 내버려 둬야 합니다: 지도자 자신에게는 별다른 의미가 없을지도 모를, 생사가 달린 결정을 내릴 수 있는 자유, 다른 곳에서 지도자를 찾아낼 수 있는 자유를 누릴 수 있도록 말입니다. 그 사람이 지도자와의 관계를 그만 두고 싶어할 때, 지도자는 그 결정을 존중해 주고 결코 소유욕이나 질투심을 느껴서는 안 됩니다.

앞에서 말한 것처럼, 이 모든 것들은 영성적 친교에서 무척 어려울 수 있습니다. 특히 현대적인 의미에서 "전문가"가 되고자 애쓰는 영성

지도자라면 더더욱 힘이 들 것입니다. 그는 선하고 도움이 될 만한 충고를 주고 싶어하며, 자신이 훌륭한 일을 하는 모습을 보고 싶어합니다. 확실히 이것은 대부분의 상황에서 현명하고 다정한 태도라고 할 수 있습니다. 그러나 테레사와 요한은, 아무리 그렇다 할지라도, 그것이 영혼의 영성적 여행을 지나친 열정으로 간섭할만한 이유는 될 수 없다고 말합니다. 그들은 이렇게 말할 것입니다: "각 영혼은 하나님의 것입니다. 그들 가운데 어느 누구도 당신에게 속하지 않습니다."

어두운 밤과 사회적 체계

테레사와 요한은 사회적 · 정치적 갈등과 개혁에 평생토록 몰두하였습니다. 그러나 그들의 저서엔 종교 공동체 안에서의 생활 원동력 외에 사회적 · 정치적 체계에 관한 그들의 깊은 성찰을 보여 주는 부분은 거의 없습니다. 요한은 그와 같은 주제에 접근한 적이 거의 없으며, 정치적 만남에 관한 테레사의 설명 역시 거의 언제나 불쾌하기만 합니다. 테레사는 자신의 조그마한 수녀원을 설립하는 데 필요한 소송과 정치적 음모들을 회상하면서, 다음과 같은 불평을 토로합니다: "오, 예수님, 그렇게나 많은 의견들을 처리하게 하시다니, 얼마나 가혹한 시험인지요!"[14]

테레사와 요한은 사회적 · 정치적 원동력을 들여다보는 대신에, 개인의 영혼과 하나님의 관계에 관한 경험으로 계속해서 되돌아갑니다. 나는 이것이 다른 관상적인 작가들의 경우에도 마찬가지 특징으로 나타난다는 사실을 알아냈습니다. 그것은 그들이 사회적 해방과 정의에 무관심했기 때문이 아니라, 그러한 변화는 오로지 개인의 마음이 변화할 때에만 일어난다고 확신했기 때문입니다. 1991년 달라이 라마는 그 점을 뚜렷이 주장하였습니다: "개인의 내면적 변화를 통하여 세계 평화를 이룩하고자 하는 시도가 제아무리 힘겨운 일일지라도, 그것만이 유일한 길입니다."[15]

테레사와 요한의 경우, 사회적·정치적 체계는 주로 개개인이 생활하고 움직이는 상황, 환경으로서 기능을 하는 것 같았습니다. 그러한 환경은 사람들의 행복에 도움이 될 수도 있고 해로운 영향을 미칠 수도 있으며, 애정 어린 양육에 대해서 지원적일 수도 있고 대립적일 수도 있습니다. 테레사는 하나님에 대한 사랑과 서로에 대한 사랑 속에서 회원들의 내적인 성장에 좀 더 전도력이 큰 공동체를 창설하기 위하여 카멜롯 수도회의 개혁을 시작하였습니다.

이 점에 관한 한, 나는 사람들의 모임이 그 부분들의 총합보다 더 크다는 20세기의 사회 체계 이론에 테레사와 요한이 분명히 매료되었을 것이라고 생각합니다; 사회 체계는 마치 한 사람처럼 그 자체의 삶을 지니고 있으며, 여러 가지 방식으로 실재를 지니고 있습니다. 각각의 가족과 공동체, 교회, 그리고 심지어는 국가와 문화까지도 그 자체의 삶을 구성하는 특징과 경험들을 지니고 있습니다. 집단을 형성하는 개인들처럼, 집단들 역시 성장하고, 학습하고, 갈망하고, 꿈꾸고, 쇠퇴하고, 사망하는 것으로 볼 수 있습니다.[16]

이 상황에서 분명한 문제는, 사회 체계가 영혼을 지니고 있다고 (또는 영혼이라고) 말할 수 있느냐 없느냐, 만일 그렇다고 말할 수 있으면,

사회 체계가 집합적인 영혼의 어두운 밤에 상응하는 뭔가를 경험할 수 있느냐 없느냐 하는 것입니다. 만일 한 집단이 그 구성원들의 상호 작용으로부터 존재와 에너지와 특징을 끌어낸다면, 그것은 최소한 몇 가지의 영혼 특성을 지니는 것이라고 말할 수 있습니다. 우리의 정신에 좀 더 중요한 것은 사회 체계에서 발생하는 실제적 경험들입니다. 이것들 가운데 일부는 어두운 밤 경험과 너무도 흡사합니다.

확실히 부부와 가족은 이제껏 제대로 잘 작동하던 관계 방식이 갑자기 메말라 버린 듯한 느낌이 드는 시간을 접하게 됩니다. 예전에는 만족스러웠던 방식이 이제는 공허하게 여겨집니다. 개인들의 어두운 밤 경험에서와 마찬가지로, 우리가 가장 먼저 세울 수 있는 가정은 무언가가 잘못 되어가고 있다는 것입니다. 그래서 쌍방이 서로 문제를 발견해 내고 그것을 해결하기 위하여 노력을 기울이게 됩니다. 그들은 자신들의 관계에 또다시 활력을 불어넣어 줄 만한 방법들, 로맨스를 다시 회복할 만한 방법들, 중년의 위기에 잘 대처하는 방법 등에 관한 책을 읽습니다. 그러나 어두운 밤에는 그러한 노력들이 완전히 수포로 돌아가는 일이 많습니다.

또한 밤과 마찬가지로, 이 경험들은 종종 모호한 성격을 띱니다. 여기에 연루된 사람들은 혼란스러운 느낌, 어리둥절한 느낌을 갖게 되며, 실제로 무슨 일이 벌어지고 있는가를 전혀 파악할 수가 없습니다. 그러니 그것에 대하여 어떤 식으로 대응해야 하는지는 더더욱 모르겠지요. 이런 일은 기업에서나 종교 단체에서도 흔히들 일어나는 일입니다. 뭔가가 어디쯤에서 변화하여 예전과는 사뭇 다르게 느껴질 때, 그럴 때 사람들은 목표와 사명에 대한 끈을 놓쳐 버리는 것 같습니다. 모든 것이 다 정신적 지주를 상실한 것처럼 여겨지는 것 같습니다.

셀 수도 없이 여러 번, 내가 속해 있던 단체에 현기증의 영*spiritus vertiginis*
이 찾아왔습니다. 다른 영들도 역시 사회 체계를 방문하는 것 같습니
다. 간음의 영은 '어떤 곳에서 어떤' 종류의 성공이나 또는 만족을 밀
고 나가려 드는 극한적이고도 기묘한 시도들 속에 분명히 드러납니다.
신성모독의 영은 비난과 분노, 복수심, 그리고 이 모든 걸 당장 어떻게
해보고픈 심정을 불러일으킵니다. 또한 그것은 언제나 뭔가가 잘못되
어 있다는 느낌을 안겨 줍니다.

이러한 현상들은 국가적 · 문화적 체계에서도 찾아볼 수 있습니다.
서구 사회가 옛 가치관과 전통의 고통스러운 소멸을 겪고 나서 그것들
대신에 갖게 된 새로운 가치관과 전통들 역시 대체로 희망이 없어 보인
다는 사실을 의심하는 사람은 거의 없습니다. 물론 이것은 전혀 새로울
게 없습니다; 인류는 이전에도 여러 차례 그런 순환을 거쳐 왔습니다.
그렇지만 횟수가 거듭될수록 질문은 점점 더 심오해지는 것 같습니다:
"이번에는 과연 우리가 이 문제를 매듭지을 수 있을 것인가? 탈출구가
정말로 있긴 있는 것일까?"

이 모든 생각들이 다음과 같은 가장 유혹적인 가능성에 기여합니다:
어쩌면 우리가 현재 복합적으로 경험하고 있는 이 문제들 가운데 몇
몇—또는 많은—문제들이 사실은 공동체의 영혼의 어두운 밤을 나타내
는 증거일지도 모른다는 가능성 말입니다. 만일 그렇다고 한다면, 우리
가 현재 부부나 가족, 조직, 또는 문화 사이에서 경험하고 있는 혼란들
가운데 일부는 뭔가가 끔찍하게 잘못되었기 때문에 생겨난 결과가 아
닐 수도 있습니다. 그것은 어떤 것이 지극히 '올바른' 방향으로 흘러가

고 있다는 증거일 수 있으며, 신적인 행동이 우리를 우리 스스로는 결코 가지 않을 곳, 우리 스스로는 절대 갈 수 없는 곳을 거쳐서, 좀 더 큰 자유와 사랑의 장소를 향하여 어두운 곳으로 이끌고 있다는 증거일 수도 있습니다.

희망은 꽤나 유혹적입니다. 또 때로는 그 증거가 너무나도 확실해 보여서, 나는 그것이 사실이라고 믿을 수밖에 없습니다. 그러나 물론 우리는 확실히 알 수가 없습니다. 특히 어두운 밤이 진행되고 '있는' 동안에는 정말로 알 수가 없습니다. 나는 지나치게 신이나 자연을 인격화하는 사회단체에 주의를 기울여야 한다고 생각합니다. 그리고 정말로 어두운-밤 가능성을 흘깃 보고 싶다면, 요한이 밤의 신호라고 제시해 준 것들을 찾아봐야 한다고 생각합니다.

첫 번째 신호—지금까지의 만족감이 다 메말라 버리고, 그것을 얻기 위한 온갖 노력들이 다 무력해지는 것—는 내가 이제껏 처해 왔던 아주 다양한 사회적 상황들 속에 존재하는 것 같습니다. 그리고 이것은 비단 개인의 경우뿐만 아니라 집단 전체의 경우에도 마찬가지인 것 같습니다. 종종 두 번째 신호도 사실처럼 보입니다: 예전의 방식으로 되돌아가고픈 심오한 동기가 부족합니다. 예전의 방식은 이제 더 이상 예전의 약속을 지켜 줄 수 있을 것 같아 보이지가 않습니다.

요한의 말처럼, "가장 확실한" 신호는 바로 세 번째 신호입니다. 공동체나 단체 안에서 "아무런 행동이나 훈련 없이, 내면적인 평화와 고요함 속에서……하나님에 관한 사랑어린 인식 가운데 홀로 머무르고 싶은" 욕망이 가슴속 깊은 곳에 존재합니까? 바로 여기에서 나는 주저하게 됩니다. 가슴속 깊은 곳에서 치미는 이 욕망이 부부 사이나 기업,

국가에서도 마찬가지로 존재할까요? 아무리 노력한다 해도 나는 그것을 진짜로 파악할 수가 없습니다.

확실히 대부분의 사회 체계는 어떤 특정한 신을 추구하는 것 같지 않습니다. 그러나 요한은 사랑어린 인식이 반드시 하나님의 특정 이미지와 합치될 필요는 없다고 확신합니다. 사실, 하나님은 결코 어떤 이미지일 수가 없습니다. 하나님은 '나다' ^{nada,} 곧 무$^{no-thing}$이시기 때문입니다. 그렇기 때문에 종교적 이데올로기를 토대로 해서 한 체계의 좀 더 심오한 욕망을 판단한다는 것은 불가능한 일입니다. 만일 정말로 그런 욕망이 존재한다고 할 경우에 말입니다. 이렇게 사랑어린 욕망의 최종 목표는 '이름' (하나님, 알라, 또는 크리슈나)도 아니고 '사람' (예수나 부처)도 아닙니다. 그것의 최종 목표는 그 어떤 정체성보다도 훨씬 더 심오하고 훨씬 더 위대한 그 무엇입니다. 그리고 바로 그 점이 나를 혼동케 합니다: 사람들이 순전한 사랑과 참된 자비를 갈망할 때, 사람들이 존재의 단순성과 평화의 자연성을 열망할 때, 그리고 자유와 정의에 대한 순전한 욕망 때문에 사람들의 내면이 죽어갈 때, 어쩌면 그들의 관계 안에서, 그들이 형성하는 집단들 속에서, 그것이 분명하게 드러날 수도 있으며, 또 어쩌면—그저 만일의 경우—그것이야말로 가장 확실한 세 번째 신호일 수도 있다고 말입니다.

확실히 알 수 있는 방법은 전혀 없습니다. 다만 가장 절망적인 것 같은 상황에서 믿을 수 없는 희망을 얼핏 본 듯, 내게는 가능성이 남아 있습니다. 무슨 일이 벌어지고 있는지를 이해하기 위해서, 그리고 우리의 능력을 최대한 발휘하여 상황을 개선하기 위해서 우리가 혹독한 투쟁을 계속해 나간다면, 아마 영혼의 어두운 밤 역시 언제까지고 계속될 것입니다. 어쩌면 때로는 점점 더 상황이 끔찍하게 잘못되어 가는 것만 같은 혼돈 속에서, 뭔가가 제대로 흘러갈 수도 있을 것입니다. 하지만 그것은 오히려 안 좋은 일일 수도 있습니다; 확실히 알 수 있는 방법은 전혀 없으니까요. 우리가 할 수 있는 일이라곤 그저 새벽을 갈망하는 것뿐입니다.

제 7 장

여명
동트는 새벽

살아 있다는 생생한 느낌을 지닌 인간이야말로
하나님의 영광입니다.

—이레니우스[1]

밤의 경험들이 그 모호성 때문에 어두운 것과는 반대로, 새벽의 경험
들은 모든 것이 좀 더 명확하게 보이는 빛의 시간입니다. 요한은 새벽
의 명료함이 그리 완전한 것은 아니라고 재빨리 말합니다. 비록 신적인
것이긴 하지만, 그 빛은 한낮의 맹렬한 태양과는 차이가 납니다. 그 빛
은 오히려 "이른 아침" 이나 "밝아오는 새벽" 의 부드러운 빛에 가깝습
니다. 그 빛은 계속해서 밤의 신비를 어느 정도 함께 합니다. 물론 아직

도 이해력은 존재하지 않지만, 그래도 요한이 예기치 않은 빛에 눈을 뜬 사람과도 같다고 비유했던 그 식별력은 존재합니다. 새벽은 하나님과 세상 안에서, 그리고 그분과 함께 존재하는 우리의 진정한 존재에 대하여 심오한 자각에 도달하는 때입니다. 새벽은 밤 동안 우리 안에서 어떤 일이 진행되고 있었는가를 감지하게 되는 때입니다. 새벽은 언제나 사랑 안에서 자각의 눈을 뜨는 때입니다. 이것이 그 무엇보다 중요합니다.[2]

모든 전통에서 관상을 중시하는 사람들은 다음 한 가지 사실에 모두 동의합니다—영성 생활은 다름 아닌 사랑이라는 사실. 따라서 영혼의 어두운 밤은 사랑, 새벽의 경험들을 통해서 부분적으로 실현되는 사랑을 좀 더 심화시키려는 오직 한 가지 목적을 위하여 존재하는 것입니다. 요한은 자신의 마지막 시 마지막 소절에서 이 자각에 대하여 다음과 같이 기록합니다:

> 얼마나 온화하고 사랑스럽게
> 당신이 내 품에서 깨어나는가!
> 당신 혼자만 거하는 비밀스런 장소에서;
> 그리고 선함과 영광으로 가득 찬
> 당신의 달콤한 숨결 속에서,
> 얼마나 부드럽게 당신은
> 내 가슴을 사랑으로 벅차게 하는가![3]

이 사랑은 본질적으로 신적인 것이며, 오로지 신적인 빛의 선물을 통해서만 흘깃 볼 수 있는, 모든 신비 가운데서도 가장 위대한 신비입니다. 이 사랑은 모든 삶의 원천이자 의미이고, 목적입니다. 하지만 그 누구도 이것을 설명하거나 정의할 수는 없습니다. 자비에 대한 불교적 이해와 그리스도교의 '아가페'(신적인 사랑) 개념은 아마도 인간의 개념이 허락하는 한 위의 사랑과 가장 가까울 것입니다. 그러나 사랑의 진정한 본질은 우리의 온갖 재능을 다 발휘한다 해도 절대로 파악할 수가 없습니다. 사랑은 어떤 감정이나 정서보다 훨씬 더 위대하며, 인간의 온갖 친절한 행위들을 능가합니다. 이것은 관상의 온전한 선물이며, 자발적인 인간의 노력만으로는 완전하게 얻을 수 없는 것입니다. 이 사랑의 실현은 언제나 신비 그 자체로 남아 있습니다. 우리는 그 안에 빠질 수도 있고, 그 안에서 깨어날 수도 있으며, 그것이 우리 안에 넘치는 것을 발견할 수도 있습니다. 하지만 우리가 아무리 많은 노력을 기울일지라도, 그것을 연구나 설명의 대상으로 격하시킬 수는 없습니다. 그것은 사실 신의 숨결입니다. 요한은 그것에 관하여 말도 하고 싶지 않다고 말합니다. 자칫 "그것이 본래보다 덜한 것으로 비칠 수도 있기 때문입니다."[4]

비록 사랑 그 자체는 설명할 수 없는 상태로 남아 있지만, 여명은 이제껏 우리 안에서 발생해 왔던 그 무엇—우리가 좀 더 완벽하게 이 끝없는 사랑에 참여할 수 있도록 준비시켜 주고 우리 맘을 열어 주었던 게 틀림없는 것—을 드러내 보여 줍니다. 이것들은 사랑 그 자체보다는 이해하기가 좀 더 쉽습니다. 그래서 나는 여기에서 이것들 가운데 딱 세 가지만 잠시 짚고 넘어갈 생각입니다.

여명이 드러내 보여 주는 발달 가운데 한 가지는 커져 가는 자유—욕망의 힘이 그것을 억제시키고 있던 애착으로부터 해방되는 순간에 경험하게 되는—입니다. 두 번째 변화는 기도 가운데 명상으로부터 관상으로 나아가는 고전적인 변화, 그리고 그에 상응하는 나머지 삶의 이동입니다: 자발적인 자기-결정으로부터 기꺼이 따르겠노라는 자기-헌신으로의 영혼 변모. 세 번째 변화는 깨달음 그 자체입니다: 우리의 본질적인 합일, 하나님과의 합일과 피조물과의 합일에 대한 새벽의 깨달음.

내가 보기에, 이 세 가지 변화는 우리가 사랑에 좀 더 깊숙이 관여할 수 있도록 준비하는 데 반드시 필요한 것 같습니다. 애착으로부터의 자유는 사랑이 강제적이지 못하게끔 만들어 줍니다. 우리들 대부분의 경우, 애착 없는 사랑의 개념은 상상할 수도 없을 것입니다. 만일 애착이 아니라면, 과연 어디에서 사랑의 감정과 행위에 대한 동기가 생겨나는 것일까요? 일부 불교 신자들은 자비가 곧 창조의 본질이라고 말합니다. 그러므로 만일 우리 자신의 자아 비망록으로부터 자유롭게 머물러 있을 수만 있다면, 모든 상황에서 직접적으로 그리고 자발적으로 자비가 샘솟을 것입니다. 요한은 사랑에 참여하려는 우리의 마음이 하나님 자신의 사랑으로부터 직접적으로 솟아나는 것이며, 우리의 인간적인 애착으로부터 자유를 얻게 되는 순간, 우리의 동기는 하나님 자신의 동기와 전혀 구별할 수 없게 될 것이라고 말합니다.

이것은 두 번째 변화, 곧 명상적인 의지력으로부터 관상적인 의지력으로 변화할 필요가 있음을 간접적으로 시사해 줍니다. 만일 우리가 자기-결정의 영역에 남겨진다면, 우리의 자유는 그만 방향을 잃어 버리고 말 것입니다. 그것은 애착 '으로부터의' 자유일 수는 있지만, 어떤 것을

'위한' 자유는 될 수 없기 때문입니다. 그것은 자칫 자기-발생적 의도를 이리저리 헤매는 운명에 처할 수도 있습니다. 자유가 사랑의 완성을 향하여 그 방향을 제대로 잡는 것은 오로지 자기 결정으로부터 신의 영감을 받은 참여를 향해 이동할 때에만 가능한 일입니다.

그리고 삶의 실제적 상황에서 실질적인 사랑의 삶을 가능케 해주고 또한 그럴 만한 힘을 불어넣어 주는 것은 바로 하나님과 우리의 본질적인 합일에 대한 깨달음입니다. 여기에는 어떤 사명적인 집착이나, 남에게 도움이 되어야 한다는 무조건적인 노력도 없으며, 종교적인 엄격함을 갖춘 프로그램화된 행동이나, 이웃을 위하여 무엇을 할 것인가에 관한 지식도 없습니다. 여기에서는 행동과 감정이 우리 안의 끝없는 원천으로부터 흘러나오며, 우리의 지식은 다만 옆에 서서 놀라는 일밖에 할 수가 없습니다. 이와 같은 순간들은 테레사가 하나님께로의 참여라고 부르는 순간입니다. 요한의 이해에 따르면, 이 순간들은 지식이 신앙으로 변화하고, 기억이 희망으로 변화하고, 의지가 사랑으로 변화한 결과입니다.

나는 우리가 스스로 생각하는 것보다 좀 더 자주 그러한 순간들을 경험하고 있다고 확신합니다. 종종 우리는 그것들을 인식하는 데 문제를 겪게 됩니다. 그 이유는 그러한 경험들이 워낙 짧게 끝나 버리기 때문이기도 하고, 또 그것들이 우리의 규범적인 삶의 이해와 맞아 떨어지지 않기 때문이기도 합니다. 실제로 우리는 그런 순간을 전혀 이해하지 못합니다. 따라서 그 순간들은 종종 눈치 채지 못한 채 지나가 버리기도 합니다. 물론 우리가 그런 순간들을 유도해 낼 수도 없습니다. 내 생각에, 영성 생활 과정의 일부는 그러한 순간들이 주어졌을 때 그것을 인식하는 것, 그리고 그런 순간들을 즐기고 요구할 줄 아는 것입니다. 그런 순간들은 아마도 영원히 그렇게 간헐적으로 중단되는, 일시적인 형태로 남아 있을 것입니다. 어쩌면 우리는 테레사 같은 위대한 성자조차도 그러한 순간이 가장 길게 지속된 것이 30분 정도에 지나지 않았다는 사실을 알고서 얼마간의 위로를 얻을 수 있을지도 모릅니다. 그러나 아무리 짧은 순간이라 할지라도, 이렇게 여러 번 되풀이되는 새벽의 깨달음은 우리 삶에 심오한 영향을 미치게 됩니다. 그 깨달음은 우리가 무엇을 위하여 살아야 하는지, 곧 우리의 존재 이유를 가르쳐 줍니다. 그렇게 함으로써, 그 깨달음은 우리 안의 심오한 응답과, 우리의 희망인 욕망과, 우리의 기도와, 우리의 의미를 확신시켜 주고 능력을 부여해 줍니다.

아침은 날마다 온다

일반적인 가정과는 달리, 어두운 밤은 우리의 삶 속에서 단 한 번 발생하는 유일한 사건이 아니라는 주장을 나는 이제껏 반복적으로 제시해 왔습니다. 오히려 나는 어두운 밤이 우리 삶에서 계속되는 '바로 그' 영성적 과정이라고 특징지었습니다. 물론 우리는 그것을 간헐적으로만 의식할 수 있습니다. 하지만 그것은 언제나, 우리 안에 숨은 채로 지속됩니다. 우리는 그것이 우리의 의식 속에 들어올 때만 깨닫게 됩니다. 따라서 어떤 사람이 "어두운 밤을 통과하였노라"고 말한다면, 나는 그 사람이 다만 "어두운 밤 경험을 가진 것"이라고 표현하고 싶습니다.

얼핏 보면, 이 두 가지는 거의 아무런 차이도 없는 것처럼 보입니다. 하지만 나는 그 차이가 아주 중요하다고 생각합니다. 삶은 발전이 없는 어느 한 목표점에 도달하는 것이 아니라, 희망과 은총 안에서, 사랑 안에서 훨씬 더 심오하게 성장하는 지속적인 과정입니다.

만일 정말로 우리가 간헐적으로 중단되는, 의식적인, 그러면서도 언제나 지속되는 어두운 밤의 경험들을 지니고 있다면, 새벽의 경험들 역시 정기적이고 반복적으로 발생해야만 할 것입니다. 우리는 테레사가 이것을 얼마나 굳게 확신하고 있는지—어느 누구도 처음으로 되돌아가지 말아야 할 정도로 엄청난 발전을 이룩하는 사람은 없다고 한 그녀의 말을 통해서—이미 살펴보았습니다. 나아가 그녀는 자기 자신의 합일 경험이 얼마나 짧았는가를 설명하고, 또 하나님이 영혼의 신랑으로서 "매우 공적으로," 그리고 아주 다양한 깊이로, 하나님 자신을 선물로 주신다고 말함으로써, 반복적인 새벽의 경험들을 확인해 줍니다.[5]

요한 역시 감각의 어두운 밤에 관하여 말하면서, 간헐적으로 중단되는 깨달음의 특성을 설명해 줍니다. 그의 말에 따르면, 하나님은 영혼을 "때때로, 짧은 시간 동안, 이와 같은 관상과 정화의 밤으로 부르십니다……밤이 그들을 덮을 수 있도록, 그런 다음 종종 새벽이 그들을 덮을 수 있도록 말입니다."[6]

실질적인 측면에서 보면, 이것은 우리가 종종 어두운 밤의 모호함과 혼동을 경험하는 것처럼 종종 새벽의 경험을 얻을 수도 있다는 의미가 됩니다. 이 새벽의 경험은 어느 정도 테레사가 관상의 위로^{gustos}라고 칭하는 것, 곧 하나님 그분의 즐거움과 설명하기 어려운 기쁨이 어느 정도까지 우리의 감각에 흘러넘치게 할 수 있습니다. 그러나 새벽의 경험은 이보다 훨씬 더 큰 역할을 수행합니다. 그리고 테레사와 요한은 그 것을 설명하기 위하여 수많은 비유들을 사용합니다. 요한은 영혼이 마 치 불타는 장작처럼 천천히 더워지고, 김이 오르고, 빛이 나고, 밝게 타 고, 그러다가 결국에는 하나님 자신의 사랑의 불로 변화한다고 말합니 다. 그는 또한 영혼을 밤의 과정에서 깨끗하게 닦인 창문에 비유합니 다. 이 창문은 결국 그것을 통하여 빛나는 하나님의 빛과 전혀 구별할 수 없을 정도로 하나가 됩니다. 아마도 테레사의 비유들 가운데 가장 유명한 것은 누에의 비유일 것입니다. 이 누에는 고치에 싸인 어두운 밤 동안 서서히 변화하여, 나비로 나타나며, 여기저기를 날아다니다가, 결국에는 신적인 깨달음에 적당한 장소를 발견하게 됩니다.[7]

내가 특별히 좋아하는, 그리고 테레사와 요한이 둘 다 사용하는 새벽 의 이미지 하나는, 시편 102편의 높다란 지붕에 앉은 참새 이미지입니 다: "내가 누워서 잠을 이루지 못하는 것이, 마치 지붕 위의 외로운 새 한 마리와도 같습니다"(7절). 테레사는 자기 자신의 경험을 이야기합 니다. "내게는 영혼이 전혀 본질적인 것이 아닙니다. 오히려 영혼은 지 붕 꼭대기에, 모든 피조물들 위에, 심지어는 그 자체의 가장 높은 부분 보다도 더 위에 존재하는 것입니다." 그리고 요한에 따르면, "새벽이 다가오는 순간에……정신은 달콤한 고요함 속에서 그것의 이해를 넘어 신적인 빛으로 진화합니다." 그런 다음 요한은 새벽에 영혼이 지붕 위 의 참새 한 마리처럼 보이는 다소 진기한 방식 다섯 가지를 계속해서 열거합니다. 첫째, 참새가 높은 장소에 앉아 있는 것처럼, 영혼 역시 '가장 높은 관상'으로 솟아오릅니다. 둘째, 참새가 얼굴을 바람 쪽으로 돌리듯이, 영혼 역시 '사랑의 영, 곧 하나님'께로 얼굴을 돌립니다. 셋째, 참새가 지붕에 홀로 앉아 있는 것처럼, 영혼 역시 외롭게 관상 중에 있습니다. 넷째, 참새가 달콤하게 지저귀는 것처럼, 영혼 역시 '가장 달콤한 사랑'을 찬미하며 노래합니다. 그리고 마지막으로, 참새가 "전혀 특별한 색깔이 없는 것처럼," 영혼 역시 이 상태에 속하지 않습니다. 영혼은 온갖 감각으로 느낄 수 있는 상태를 초월하였기 때문입니다.[8]

물론 결국에는, 가장 멋진 이미지와 비유가 실질적인 새벽 경험의 보편적인 경향을 가리킬 수 있습니다. 더욱이, 나는 우리가 밤과 아침의 다양한 경험들을 수도 없이 많이 겪고 있다고 확신합니다. 두 사람의 경험이 절대로 일치할 수 없으며, 우리 자신의 경험들 역시 하나하나가 서로 다를 수밖에 없습니다. 어떤 경험들은 특별해 보이거나, 극적이고, 기억에 오래 남을 만하다고 여겨지는 반면, 또 어떤 경험들은—아마도 대부분의 경험들이 다 그렇겠지만—너무나도 섬세하고 일시적이어서 거의 인식할 수가 없는 것들입니다. 그러나 모든 경험들이, 내가 이제껏 설명해 왔던 세 가지 특성들 가운데 몇 가지 요소들은 다들 공유하고 있습니다: 자유, 깨달음, 그리고 관상을 특징짓는 의지력의 완화. 그리고 우리는 그와 같은 순간에 부닥칠 때마다 우리 삶의 행동들 가운데서 사랑을 심화시키는 방법을 발견하게 되리라 기대할 수 있으며, 또한 반드시 그렇게 될 것입니다.

아침의 희망

이쯤에서 나는 밤의 지속적인 과정이 어떻게 우리의 사랑을 증가시키는지에 대해서 살펴보고 싶은 유혹을 거의 참을 수가 없습니다. 공동체와 조직, 국가, 그리고 세계 전체를 바라보면서 나는 그것을 밝히는 게 매우 어려운 일이라는 사실을 인정하지 않을 수 없습니다. 내 생각에, 만일 자라나는 사랑이 정말로 존재한다면, 그것은 나의 인식 너머에 숨어 있을 것만 같습니다. 따라서 나는 혹시나 어두운 밤이 정말로 개인의 영혼에만 적용되는 것은 아닌지 궁금해집니다. 그렇다면 나는 나 자신의 삶에 대한 성찰로 되돌아가야만 합니다. 그 속에서 나는 밤의 경험과 아침의 경험들을 수없이 많이 확인할 수 있을 것 같습니다. 나는 이런 질문을 던져 봅니다: "난 정말로 예전보다 더 많이 사랑하고 있는가?" 때로는 그렇다고 생각할 것입니다; 하지만 어떤 때에는 전혀 그렇지 않다고 생각할 수도 있습니다. 그런 다음 마지막으로 나는 진정한 사랑이 얼마나 광대하고 이해할 수 없는 것인지, 그 사랑을 혼자 힘으로 판단하기에는 내 능력이 얼마나 보잘 것 없고 유한한지를 상기하게 될 것입니다. 나의 사랑관은 친절이라는 행위와 정서적인 느낌하고 관계가 있습니다. 그리고 나는 이것이 테레사의 누에가 나비로 변하는 과정처럼 신적인 사랑과 매우 흡사한 면이 많다는 사실을 잘 압니다. 나는 그 동안 나 자신이 진보라는 개념에 얼마나 집착하고 있었는가를 돌이켜 봅니다; 나는 자신이 이 영성적 여행에서 뭔가 발전을 이룩했다는 객관적인 증거를 찾아 헤매고 있습니다. 그러나 여행의 진리는 그러한 증거를 전혀 허락하지 않으며, 나의 보잘 것 없는 진보 개념을 완전히 초월해 버립니다.

그러므로 결국 나에게는 희망만 남아 있을 뿐입니다. 나는 밤이 정말로 변화적인 것이기를 희망합니다. 나는 모든 새벽이 사랑을 좀 더 심화시켜 주기를 바랍니다. 개인적으로 우리들 저마다를 위하여, 그리고 이 세계 전체를 위해서 말입니다. 나는 요한이 한 말, 지성은 믿음으로 변화하고, 의지는 사랑으로 변화하며, 기억은……희망으로 변화한다는 말이 옳았기를 바랍니다. 나는 믿음과 사랑과 희망의 변화된 특성에 뭔가 특별한 것이 있다고 생각합니다. 이것은 설명하기가 매우 어렵습니다. 게다가 나의 시도는 언제나 조잡하게만 여겨집니다. 하지만 그래도 나는 계속해서 시도해야 합니다. 정말 관상적으로 변형된 상태의 믿음과 희망과 사랑은 어떤 특별한 목적을 위하여 서로 한 데 묶이지 않습니다; 그것들은 아무런 목적도 없습니다. 관상적인 믿음은 하나님이 존재하신다는 믿음, 삶이 본질적으로 선하다는 믿음, 또는 이것이나 저것 중에 하나가 사실이라는 믿음이 결코 아닙니다. 그런 것들은 '신념'beliefs이지, 결코 믿음faith이 아닙니다. 믿음은 요한의 말처럼 특별한 목적이 전혀 없는, 완전히 열린 존재 방식입니다. 관상적인 믿음은 호흡 하나하나를 따뜻하게 데워 주고 밝게 비추어 주는 선(善)의 지속적인 불길에 좀 더 가깝습니다. 관상적인 사랑은 우리의 이해를 완전히 초월합니다. 그것은 다른 것들을 모두 다 배제하고 어느 것 한 가지만 사랑하는 것이 결코 아닙니다. 그런 것은 차라리 애착이라고 봐야 합니다. 진정한 사랑은 우리가 속해 있는 무한한 존재 방식과도 같습니다: 의지력이 솟아 나오고, 심장이 박동할 때마다 끊임없이 예라는 대답이 반복되는 그런 존재 방식 말입니다. 그리고 관상적인 희망, 곧 변형된 희망도 철저하게 개방적이고 자유롭습니다. 그것은 평화나 정의나 치유 '에 대한' 희망이 아닙니다; 그런 것 역시 애착에 속하는 것일 수 있습니다. 그것은 '순전히' 있는 그대로의 희망이며, 탁 트인 전망에 대한 꾸밈없는 에너지입니다.

나는 자신이 감당할 수 없을 정도의 괴로움을 겪어 온 사람들이 때때로 이런 종류의 변형된 희망을 경험해 왔다고 생각합니다. 그들 속에서 변형된 희망을 보았을 당시, 나는 눈 먼 사람이었습니다. 자기 공동체로부터 버림을 받은 어느 늙은 사제는, 병이 들어 죽어 가고 있었는데, 끔찍한 절망감에 사로잡힌 상태에서도 두 눈을 들어 다음과 같이 속삭였습니다: "오, 예수님, 내가 주님을 진심으로 사랑합니다." 그는 나를 보고 미소 지었습니다. 그의 얼굴은 희망으로 가득 차 있었고, 그의 미소는 나까지도 희망으로 가득 채워 주었습니다. 그러다가 1994년 여름, 나는 보스니아로 짧은 순례 여행을 가게 되었습니다. 거기에서 나는 집과 재산과 온 가족까지 모든 것을 다 잃어 버린 가난한 사람들과 대화를 나눌 기회가 있었습니다. 비탄의 눈물이 섞인 그들의 이야기를 들으면서, 나는 그들에게서 심오한 희망을 감지할 수 있었습니다. 그래서 통역하는 사람들을 통하여, 그것이 사실인지 물어 보았습니다.

"예, 희망이지요."

그들은 미소 지었습니다.

나는 그것이 평화에 대한 희망이냐고 물었습니다.

"아니오, 평화를 바라기엔 이미 너무 멀리 와 버렸어요."

나는 그들에게 연합국이나 미국 쪽에서 어느 정도 긍정적인 방식으로 간섭해 주길 원하느냐고 물었습니다.

"아니오, 그러기엔 너무 늦었어요."

나는 그들에게 물었습니다:

"그렇다면, 당신들이 원하는 게 대체 무엇인가요?"

그러자 그들은 침묵하였습니다. 그들은 자신이 뭘 원하는지 생각해 볼 겨를조차 없었습니다. 하지만 분명히 희망은 존재했습니다―결코 부인할 수 없는 희망이 그들 안에서 빛을 발하고 있었습니다.

나는 마지막으로 이렇게 물었습니다:

"바랄 게 아무것도 없는데 어떻게 희망을 가질 수 있는 거죠?"

그들의 대답은 "보그"^{Bog}였습니다. 그것은 세르보-크로아티아 언어로 하나님을 뜻하는 말이었습니다.

그 순간 나는 이 변화된 희망의 본질을 흘깃 엿볼 수 있었습니다. 나는 나 자신도 그러한 희망의 순간들을 이미 경험했으리라고 생각합니다. 하지만 나는 그 희망의 순간을 헤아릴 수도 없고, 이해할 수도 없습니다. 관상적인 믿음과 사랑처럼, 변화된 희망은 나의 이해를 교묘히 피해 갑니다. 이 변화된 특징들에 관하여 내가 긍정적으로 말할 수 있는 것 한 가지는, 그것들을 자기 자신이나 타인에게서 발견하기 위해서는 이제껏 내가 경험해 왔던 것 가운데 가장 심오한 확신이 필요하다는 것입니다.

그래서 ?

만일 신적인 건의함 같은 게 존재한다면, 나는 하나님께 일을 좀 더 쉽게 만들어 달라고 건의할 것입니다. 그리고 만일 일이 쉽게 안 된다면, 최소한 좀 더 명확하게라도 해주시라고 건의할 것입니다. 나는 이 책의 마지막을 공허한 믿음이나, 중립적인 사랑이나, 절망적인 희망이 아닌 좀 더 실제적인 뭔가로 장식하고 싶습니다. 나는 여러분 자신의 삶에서 어두운 밤이 지니는 변화적인 특징들을 어떻게 확인하고 주장할 것인지에 대하여, 뭔가 실질적인 제안을 해주고 싶습니다. 나는 힘든 시간들을 조금 더 편안하게 만들어 주고 또 도저히 피할 수 없는 삶의 고통들에도 명확한 의미를 부여해 줄 수 있는 그런 뭔가를 제공해 주고 싶은 마음 간절합니다. 우리가 자신의 운명을 전부 다 알 수 있도록 도와줄만한 효과적인 방법이나 이해를 설명할 수 있다면 얼마나 신기한 일이겠습니까! 하지만 어두운 밤의 본질은 그런 일을 결코 허용해 주지 않습니다. 어두운 밤은 모호한 가운데, 그것이 원하는 시간과 방법대로, 우리에게 주어지는 선물입니다. 우리가 전혀 예상치 못한 장소에서 시작되는 어두운 밤은, 우리 스스로 계속 지속시킬 수도 없습니다. 비록 우리가 그것에 대하여 예라고 대답한다 할지라도, 우리는 그것을 거의 또는 전혀 통제할 수가 없습니다. 요한의 말에 따르면, 모호함의 이유는 바로 우리를 안전하게 지키기 위함이라고 합니다. 우리는 자신이 어디로 가고 있는가를 잘 알고 있다고 생각하기 때문에 비틀거리지 않게 되는 것이지요. 나 역시 정말로 그렇게 믿고 싶습니다.

우리 자신이 쥐고 있는 것은 오직 욕망뿐입니다. 그러니까 우리 기도와, 우리 응답과, 우리 희망이 전부인 것입니다. 내 경우에는, 좋은 시절의 희망은 곧 신념과 동의어입니다. 나는 선에 대한 확신과 기대를 품고 다음 순간으로 이동합니다. 그러다 어려운 고비를 만나면, 희망이 점점 더 증가하는 불안감을 떠안게 됩니다. 나는 최선의 것을 희망하지만, 다음 순간은 불확실하게만 느껴지고, 심지어는 두렵기까지 합니다. 그리고 최악의 순간이 닥칠 때, 희망과 욕망은 그만 타다 남은 장작 찌

꺼기가 되어 버리며, 결국에는 형체도 알아볼 수 없을 정도로 희미해져 버립니다. 그러나 희망과 욕망은 언제나 존재합니다. 조만간 우리는 희망과 욕망으로 이끌려 가게 됩니다. 확신컨대, 우리는 분명 그러한 욕망과 반복적으로 접촉하는 경험을 통해서 결국은 욕망을 인정하고, 욕망을 주장하고, 또 진정한 우리의 정체성을 가지고 욕망을 파악할 수 있는 방법을 익히게 될 것입니다. 아마도 일종의 발전이라고 볼 수 있겠지요.

하나님의 취약성

어차피 상황을 좀 더 낫게 하는 방법들로 결론을 맺을 수는 없기 때문에, 여기에서 나는 관상을 중시하는 사람들이 우리에게 제공해 주어야만 하는 한 가지 최종적인 관찰을 함께 살펴보고 싶습니다. 보기에 따라서, 그것은 우리가 이 책을 시작했던 지점으로 돌려보내는 것이기도 합니다. 동정을 동반하는 삶의 불공평에 대한 우리의 응답은 하나님의 실재에 대한 가장 확실한 증거일 수 있다고 한 랍비 쿠쉬너의 말로 말입니다.

사람들은 대개 하나님을 최고의 존재, 모든 피조물의 주인, 모든 것을 다 책임지고 있는 전능하고 높은 능력자라고 생각합니다. 그런 하나님은 우리와 분리된 초월적인 존재로서, 우리의 위에, 저 너머에 계시며, 우리에게 좋은 것들과 나쁜 것들을 주실 수 있습니다. 우리는 당연히 자기가 바라는 좋은 것들을 달라고, 또한 자기가 바라지 않는 나쁜 일로부터 구해 달라고 기도합니다. 그러나 대체로 그런 기도는 아무 소용이 없습니다. 우리는 자기가 바라는 것을 다 얻지도 못하며, 오히려 자기가 바라지 않는 것을 얻게 되는 수가 많습니다. 논리적으로 바라볼 때, 초월적이고 전능하며 우리로부터 분리되어 있는 하나님은, 아주 좋게 생각하면 제멋대로인 존재, 아주 나쁘게 생각하면 애정이 없는 존재에 불과합니다.

그러나 우리가 테레사와 요한의 경우에서 보았듯이, 관상을 중시하는 사람들은 하나님의 초월성뿐만 아니라 하나님의 내재성도 같이 강조합니다. 그들의 따르면, 하나님은 우리의 중심이시며, 우리 자신보다도 더 가까이 우리 곁에 계십니다. 우리는 하나님 안에 빠져 있습니다. 하나님은 우리 안에 빠져 있습니다. 따라서 만일 "저쪽에 계시는" 초월적인 하나님이 우리에게 제멋대로 굴거나 애정이 없는 존재라면, 바로 그 하나님이 "여기 계시는" 하나님께 제멋대로 굴거나 또는 애정이 없는 존재라는 말이 됩니다. 나는 관상적인 문학작품들 속에서 반복적으로 등장하는 한 가지 대안을 발견했습니다. 그것은 하나님이 애정이 없거나 제멋대로 구는 존재가 아니라, 사실은 그리 전능하지 못한 존재라는 비전입니다. 만일 그게 아니라면, 최소한 하나님의 능력은 하나님 자신을 불사신적인 존재로 만들 수 있을 만큼 대단한 게 못된다는 비전 말입니다. 대부분 관상을 중시하는 사람들은 하나님을 우리가 상처 입을 때에 같이 상처 입으시는 존재, 즐거움뿐만 아니라 고통까지도 함께 나누는 존재로 여깁니다. 우리에게 나쁜 일들이 발생할 경우, 그 일들은 하나님께도 똑같이 발생합니다. 이것은 확실히 테레사의 '거룩하신 분' 개념과 일맥상통합니다. 테레사의 거룩한 이는 사랑 안에 우리에게 넘겨진 존재, 사랑을 하기 위해서는 우리가 '필요한' 존재, 사랑 받는 존재, 그리고 이 세상에 하나님의 사랑을 증명하는 존재입니다.

하나님께 우리가 필요하다는 생각은 제하더라도, 어쨌든 하나님이 뭔가를 필요로 한다는 생각은 우리에게 아주 낯설게 들립니다. 심지어는 이단적인 생각처럼 여겨지기도 합니다. 그러나 이것은 관상을 중시하는 많은 사람들이 이미 깨달아 온 사실입니다. 신학적으로 볼 때, 만일 하나님이 정말로 모든 것을 사랑하는 존재라면—그러니까 하나님이 '곧' 사랑이라면—그 사랑은 분명히 하나님의 전능하심을 완화시킬 수밖에 없을 것입니다. 사랑은 언제나 힘을 초월하며, 어떤 것을 좀 더 부드럽고, 좀 더 심오하고, 좀 더 풍요롭게 해주기 때문입니다. 이와 반대로, 사랑이 충만한 힘을 얻는 것은 바로 우리의 취약성 안에서, 실제로 상처를 입은 우리의 '존재' 안에서입니다. 그러므로 진정으로 전능한 힘은 어떤 사물이나 사람을 '초월하는' 먼 곳의 별개 '힘'에서 발견되는 것이 아닙니다. 그것은 오히려 어떤 사람이나 사물을 '위하여,' 그들과 '함께' 상처를 입은 존재의 내재적인 경험 속에서 발견되는 것입니다.

이와 같이 하나님을 취약한 존재, 상처 입기 쉬운 존재로 바라보는 하나님 비전은, 중보 기도에 관한 신선한 감각을 더불어 가져다줍니다. 비록 우리는 종종 중보 기도가 어떤 사람을 위하여 하나님 '께' 기도해주는 것이라고 생각하지만, 관상을 강조하는 사람들은 중보 기도가 하나님 '과 함께' 기도하자는 초대, 하나님의 기쁨과 슬픔을 함께 나누자는 초대라고 생각합니다. 그러면 이번에는 하나님이 모든 피조물들과 함께 나누게 되는 것이지요. 여기에는 하나님이 경험하는 것들을 뭐든지 다함께 나누는 "하나님과의 사귐"이라는 개념이 들어 있습니다. 만일 테레사와 요한이 맞다면, 그래서 깨달음의 합일 순간에는 정말로 한 사람의 의지나 욕망이 하나님의 의지나 욕망과 전혀 구별될 수 없다면, 그렇다면 인간은 (비록 미시적인 방법이라 할지라도) 그 모든 하나님 체험들을 공유하는 역할을 수행해야만 할 것입니다. 우리가 하나님과 함께 공유하고 있다고 관상을 중시하는 사람들이 주장하는 바로 그 엄청난 친밀감이 있는데, 도대체 그것이 다른 어떤 방법으로 존재할 수 있단 말입니까?

사실, 내 자신의 기쁨과 고통이 어느 정도는 하나님의 기쁨과 고통을 공유하는 것이라고 하는 생각은, 하나님이 내 자신의 생활 경험 속에서 나와 함께 존재한다고 믿는 것보다 훨씬 더 만족스럽고 확신이 가는 주장입니다. 만일 내가 하나님과의 사귐이 지니는 광대한 의미를 이해하려고 노력하지 않는다면, 사실상 나는 그 생각을 아주 많이 좋아한다고 할 수 있습니다.

나는 이제 테레사의 시 〈하나님을 찾아서〉 $^{Buscando\ a\ Dios}$라는 시의 첫 소절을 인용함으로써 끝을 맺고자 합니다. 그녀는 기도 중 들은 말씀들에 대한 응답으로 이 구절들을 기록하였습니다:

> 영혼이여,
> 그대는 내 안에서
> 그대 자신을 찾아야 한다.
> 그리고 그대 안에서
> 나를 찾아야 한다.
> 그런 기술을 가져라, 영혼이여!

사랑은 내 안에서

그대를 표현할 수 있으리라.

훌륭한 재능을 선사받은 화가라도

그 이미지를 그토록 멋지게

보여줄 수 없을 것이다.

내 안 깊숙이

그대를 위해 만들어진 사랑이

너무나도 아름답게,

너무나도 깨끗하게 그렸기 때문이다;

내 사랑하는 이여,

만일 그대를 잃었다면,

내 안에서 그대를 찾아라.[9]

주

들어가는 말

1. Harold Kushner, *When Bad Things Happen to Good People*(New York: Schocken Books, 1981), 142-43쪽.

2. Dag Hammarskjöld, *Markings*(New York: Knopf, 1966), 205쪽. 해머스쾰트는 이 글들을 자신이 죽기 몇 달 전, 1961년에 썼다.

3. *Noche oscura, The Dark Night*, st.5.

4. *Life*, 제13장, 제18장.

5. Kushner, *When Bad Things Happen to Good People*, 147쪽.

제1장

1. James Carroll, *Constantine's Sword*(New York: Houghton Mifflin, 2001), 323-24쪽.

2. 요한이 인용했던 신비로운 "성 디오니시우스"(*The Ascent of Mount*

Carmel, 제2권, 제8장)는 오늘에는 보통 가짜-디오니시우스라고 불리는데, 그는 6세기에 살았던 것으로 추정된다. 그의 저술들은 요한과 그 시대 사람들에게 널리 알려져 있었으며, 그들은 그가 바로 사도행전 17:34에 기록된 대로 바울이 개종시킨 디오니시우스라고 믿었다. 영국에서는 요한이 등장하기 200년 전에, *The Cloud of Unknowing*의 익명 저자와 아우구스티노 수도회의 수도사 Walter Hilton이 요한과 유사한 방식으로 "어두움"이라는 말을 사용하면서 디오니시우스를 언급했었다. 어쩌면 우리는 요한이 라틴어로 번역된 그들의 저술 가운데 일부를 읽었을지도 모른다고 추측할 수가 있을 것이다. 그러나 그는 그들에 관하여 한 번도 언급한 적이 없다. 예를 들면, Walter Hilton은 *Ladder of Perfection*의 제2부 제5장에서 "영적인 밤"이라는 용어를 사용하였다. 요한의 저술과 *The Cloud of Unknowing*의 익명 저자 사이의 유사점에 대한 비평은 William Johnston의 후기 작품 번역을 참고하여라(New York: Doubleday, 1973), 30-31쪽.

3. *Life*, 제1장.

4. *Life*, 제25장, 제29장.

5. *Life*, 제24장, 제25장.

6. *Life*, 제30장.

7. *Life*, 제25장.

8. 이 짧막한 시는 테레사가 사망한 뒤 그녀의 성무일과에서 발견되었다. 그녀의 오랜 친구 Fr. Jerónimo Gracián가 그 시가 진품임을 확인하였다. 그 시는 보통 첫 번째 행으로 알려져 있으나, 때로는 "테레사의 서표"라는 제목으로 불리기도 한다.

9. 여기에서 내가 기록한 특징들은 요한이 서술한 어두운 밤의 전형적인 신호들이 아니다. 그것들에 대해서는 나중에 설명하기로 하겠다.

10. 카르멜회의 규칙과 전통에 관한 간략한 역사는 *The Carmelite Tradition*을 참조하여라. 온라인상으로는 www.carmelite.org/tradition.htm을 이용할 수 있다.

11. *Life*, 제32장.

12. *Life*, 제36장.

13. *Foundations*, 제1장.

14. *Foundations*, 제2장.

15. 그 당시 카르투지오 수도회는 매우 금욕적인 생활양식이 특징이었다. 그로부터 2백여 년 후, 그들은 빈곤을 극복하기 위하여 비밀스런 처방으로 만들어 낸 "불로장수 약"을 판매하기 시작하였다. 이것이 바로 저 유명한 카르투지오 리큐어이며, 오늘도 여전히 카르투지오 수도사들은 이 약을 증류하여 만들고 있다.

16. "*mi Senequita*"와 "*santico*"에 관해서는 E.A.Peers가 번역한 *The Letter of Saint Teresa of Jesus*(Westminster, MD: Newman, 1950) 제1권, 13쪽을 보아라. 또 "a friar and a half"에 관해서는 E. A. Peers의 *Spirit of Flame*(London:Sheed and Ward, 1943), 18-19를 보아라. 이 대목에서 테레사가 요한의 키에 대해 농담을 하고 있는 것으로 받아들이는 게 보통이지만, "half"라는 말이 어쩌면―그럴 가능성은 아주 희박해 보이지만―Fray Antonio를 의미하는 것이었을 수도 있다. 테레사는 그에 관하여 뭔가 질질 끄는 비밀을 지니고 있었다.

17. *Foundations*, 제3장; Peers 번역, *The Letter of Saint Teresa*, 제1권, 52쪽에 실린 Francisco de Salcedo에게 보내는 1568년의 서신 참조.

18. 그녀의 "단편작품들" 가운데 하나, *Vejamen sobre las palabras* "*Búscate en Mí*," "*Judgement on the Words 'Seek Yourself in Me.'*" 테레사의 유머를 이런 식으로 유쾌하게 번역한 대목은 K.Kavanaugh와 O.Rodriguez가 번역한 *The*

Collected Works of St. Teresa of Ávila(Washington, DC: Institute of Carmelite Studies, 1985), 제3권, 357-62쪽과 E.A.Peers가 번역한 *Complete Works of St. Teresa*(London:Sheed and Ward, 1975), 215-18, 266-68쪽에서도 찾아볼 수 있다. 본문은 다음과 같은 말로 계속된다: "그럼에도 불구하고, 우리가 묻지도 않았던 질문에 대하여 그가 그토록 훌륭한 설명을 제시해 주었다는 데 대해서 감사하게 생각한다."

19. Peers 번역, *Letters of Saint Teresa*, 제1권, 482-84, 488쪽. 요한과 함께 납치되었던 동료는 German de San Matias 신부였다.

20. Peers 번역, *Letters of Saint Teresa*, 제1권, 495-98쪽.

21. K.Kavanaugh와 O.Rodriguez가 번역한 *The Collected Works of St. John of the Cross*(Washington, DC: Institute of Carmelite Studies, 1991), 19쪽.

22. 요한은 이것을 "*luz en general*," 문자 그대로 "light in general" 이라 칭한다. 그리고는 이렇게 말한다: "여기에서처럼 사랑이 신비로운 지식을 통하여 말하는 바를 어떤 형태의 언어로 설명할 수 있다고 생각하는 것 자체가 바보스러운 일이기 때문이다."(*The Spiritual Canticle*에 대한 주석서의 서문에서 인용). 이러한 맥락에서 요한 역시 "이루 다 말할 수 없는 탄식으로"(로마서 8:26) 간구해 주는 영에 관한 사도 바울의 말을 자주 인용한다.

23. *The Way of Perfection*, 제17장. *The Living Flame of Love*(1차 개정판)에서 제3연에 대한 주석 부분에 실린 요한의 훨씬 더 강력한 언급들을 눈여겨 보아라: "하나님은 그 힘겨운 길에서도 내내 영혼들을 인도하신다. 한 영이 이렇게 다른 영의 길을 따라 절반만이라도 걷는다는 것은 결코 있을 수 없는 일이다."

24. *Living Flame*, 제1연에 대한 주석 부분. 인간이 곧 하나님이라고 말할 때 과연 요한의 언어가 적합하게 해석되었는가 하는 문제에 주목해야 한다. 예를 들어,

The Ascent of Mount Carmel(제2권, 제5장)에서 요한은 이렇게 말한다: "그 어떤 피조물도, 그 어떤 행동이나 능력도, 하나님이라는 존재를 포함하거나 획득할 수 없다." 더 나아가, 요한은 *The Living Flame*에 대한 주석서에서, 하나님의 깊고 깊은 "중심"을 차지했으면서도 결코 만족하지 않고 평생토록 언제나 더 깊이 들어가기만 하는 영혼에 관하여 말한다.

제2장

1. Alice Walker, *The Color People*(New York: Washington Square, 1982), 177쪽.

2. 이러한 이해는 *nephesh*, "soul"(영혼)이라는 히브리어의 성서적 사용과 정확히 일치한다: 사람의 본질. 정확히 말하자면 요한은 영혼과 육체를 동일시하지 않는다. 그리고 사실상 그는 영혼이 "곧 영"("*el alma, en cuanto espíritu*")임을 인정한다(*The Living Flame of Love*, 제1연에 대한 주석). 다시 말하자면, 이것은 사람의 분리된 부분들을 보는 것에 관한 문제가 아니라, 사람을 영적으로 보는 것에 관한 문제인 것이다.

3. 그의 시 "*Buscando a Dios*," "Seeking God"에서(그리고 위의 제1장 각주 18번도 참조하여라).

4. St. Augustine, *Confessions*, 제3권, 제6장; John, *Living Flame*, 제1연에 대한 주석: "[이 연합을 통하여 하나님은]……[피조물의] 존재를 보호하신다; 만일 이 일이 실패로 돌아갈 경우, 피조물들은 영원히 소멸하고 말 것이며, 더 이상 존재할 수 없을 것이다."

5. "*Para entender, pues, cuál sea esta unión tratando, es de saber ì Dios, en cualquiera alma, aunque sea la del mayor pecador del mundo, mora y asiste sustancialmente. Y esta manera de unión siempre está hecha entre Dios y las criaturas todas*" (*The Ascent of Mount Carmel*, 제2권, 제5장).

6. *The Interior Castle*, First Mansions, 제1장.

7. *Noetic Sciences Review* 40(1996년 겨울): 32쪽. 좀 더 자세한 논의는 Parker, J.Palmer, *Let Your Life Speak*(San Francisco: Jossey-Bass, 2000)에 실려 있다.

8. 전국적인 여론조사에 따르면, 미국 국민의 82%가 "하나님은 스스로 돕는 이를 도우신다"는 말이 성서에서 비롯된 것이라고 믿고 있다고 한다. 하지만 사실 이 말은 고대 그리스에서 시작된 말이며, 좀 더 현대에 들어와 Benjamin Franklin이 자신의 저서 *Poor Richard's Almanack*에 이 말을 기록하면서부터 대중화되기 시작하였다. Adolf Hitler 역시 1930년대에 나치 정신을 고무하기 위해 이 말을 사용하였다. 물론 성경에는 이런 종류의 말이 그 어느 곳에도 실려 있지 않다. 굳이 찾으려 들자면, 오히려 이 말과 정반대되는 말이 실려 있을 뿐이다: 하나님은 스스로 도울 수 없는 이를 도우신다고 말이다. 또한 기도에 관한 이 말은 종종 St. Ignatius of Loyola에게 돌려진다. 그러나 그 역시 본질적으로는 그와 반대되는 말을 했을 뿐이다; 모든 것이 다 하나님께 달려 있는 것처럼 행동하라고 말이다. 이 말들에 관한 논의를 살펴보려면 *Shalem News* 25 제1호(2001년 겨울)에 실린 나의 글 "Propaganda of Willfulness"를 읽어 보아라. 이 글은 www.shalem.org/sn/25. 1ggm.html.에서 온라인상으로도 읽을 수 있다.

9. "······para Ilegar *a* al divina luz de la union perfecta del amor de Dios" (*Ascent*, 서문). 이탤릭체는 내가 표시한 것이다.

10. *Living Flame*, 제1연에 대한 주석.

11. St. Augustine, *Confessions*, 제1권, 제1장.

12. *Soliloquies*, (*Exclamaciones*), 제3호.

13. *Living Flame*, 제1연의 시와 주석.

14. 테레사는 *The Interior Castle*, First Mansions, 제2장에서 그 성의 거주자에 관하여 설명한다. The Institute of Carmelite Studies는 재능에 관한 테레사의 말을 다음과 같이 번역한다: "얼마나 나쁜 능력인가! " K.Kavanaugh와 O.Rodriguez가 번역한 *The Collected Works of St. Teresa of Ávila*(Washington, DC: Institute of Carmelite Studies, 1980), 제2권, 289쪽.

15. 나는 Fr. John Welch, O.Carm에게 빚을 졌다. 그가 나를 위해 이 다이어그램의 기초를 세워준 것이다. John Welch의 *When Gods Die*(New York: Paulist, 1990), 55쪽 이하에 제시된 그의 설명을 참조하여라.

16. *Saying s of Light and Love*, 60쪽.

17. *Living Flame*, 제2연의 시와 주석.

18. *Ascent*, 제2권, 제26장.

19. 사실 여기에서 하나님의 본질에 관하여 언급한 것들은 그 어떤 사람이나 사물—심지어는 우리들—에게도 다 해당되는 말일 수 있다. 우리는 어떤 것 또는 어떤 사람에 관하여 어떤 것을 알 수 있으며, 그것들의 이미지와 개념을 지닐 수 있다. 하지만 그것들의 진정한 본질은 영원히 우리가 파악할 수 없는 곳에 머물러 있다.

20. 요한의 산 스케치를 재생한 것은 아주 많다. 막상막하의 훌륭한 스페인어-영어 버전은 K.Kavanaugh와 O.Rodriguez가 번역한 *The Collected Works of St. John of the Cross*(Washington, DC: Institute of Carmelite Studies, 1991), 110-

11쪽에 실려 있다.

21. *The Spiritual Canticle*, 제1연. "하나님의 게임"에 관해서는 *Living Flame*, 제1연에 대한 주석을 참조하여라. 테레사는 *Soliloquies*, (*Exclamaciones*)로 알려진 자신의 작품 모음집 또는 "The Wounds of Love"라는 제목의 *Cries of the Soul to God*, 제16호에서 이 "*esta guerra de amor*," "this war of love"에 관하여 언급한다.

22. 요한의 *The Spiritual Canticle*, 제6연을 보아라: "나에게 더 이상의 메신저는 보내지 마십시오." 또한 테레사의 *Life*, 제14장도 참조하여라: "하나님은 [영혼과] 너무나도 가까운 곳에 계셔서 그분께 메신저를 보낼 필요는 없다. 우리는 그분과 직접적으로 이야기를 나눌 수 있다."

23. 나는 *Addiction and Grace*(San Francisco: HarperSanFrancisco, 1991)에서 애착과 중독의 심리학과 신경학에 관하여 장황하게 설명한 바 있다.

제3장

1. L. Barkway와 L. Menzies가 편집한 *An Anthology of the Love of God: From the Writings of Evelyn Underhill*(Wilton, CT: Morehouse-Barlow, 1976), 100쪽.

2. Brother Lawrence, *The Practice of the Presence of God*, Sr. Mary David 번역(New York: Paulist, 1978), 89쪽.

3. "*Son tan oscuras de entender estas cosas interiores*"와 "······*al demonio, que como es las mismas tinieblas*"(*The Interior Castle*, First Mansions, 제2장,

7,1단락).

4. *The Living Flame of Love*, 제3연에 대한 주석.

5. *Maxims on Love*, 54쪽; *The Dark Night*, 제5연.

6. *The Ascent of Mount Carmel*, 제1권, 제14장.

7. John, *Dark Night*, 제1권, 제14장. 그리스도께서 우리에게 자신을 내어주심에 관한 테레사의 언급은 고유한 묘미를 담고 있다. 대부분의 그리스도교 저술들은 우리를 *위하여*, 우리의 죄를 위하여, 하나님께서 그리스도를 내어주신다고 말하기 때문이다. 그러나 테레사는 그리스도께서 우리에게 자신을 내어주신 데 대해 분명히 말한다. 예를 들면, "*con tanto amor se nos dio*," "너무나도 충만한 사랑으로 우리에게 당신 자신을 항복시키셨습니다[내어주셨습니다]"(*The Way of Perfection*, 제33장, 1차 개정판).

8. 예를 들면, "*dos maneras: la una es activa; la otra, pasiva*," "두 가지 방식: 한 가지는 능동적이고, 다른 한 가지는 수동적이다"(*Ascent*, 제1권, 제13장).

9. 명백히 말해서, 후천적 관상(acquired contemplation)이라는 개념을 맨 처음으로 생각해 낸 사람은 16세기의 스페인 카르멜회 수사 Tomás de Jesus였다. 그는 요한의 작품들을 수집하는 데 그치지 않고 자기 자신의 작품 몇 개를 삽입하기까지 했다. 그런데 나중에 이 작품들까지도 요한의 것이 되어 버렸다. 이러한 왜곡과 이것이 오늘 영성의 이해에 미치는 영향에 대해 훌륭하고도 학자적인 견해를 제시해 놓은 것은 James Arraj의 *From St. John of the Cross to Us: The Story of a 400 Year Long Misunderstanding and What It Means for the Future of Christian Mysticism*(Chiloquin, OR: Inner Growth Books, 1999)이다. 이 작품에 대한 정보와 현대적 대화는 www.innerexplorations.com에서 온라인상으로도 찾아볼 수가 있다.

10. *Living Flame*, 제3연에 대한 주석.

11. *Living Flame*, 제3연에 대한 주석(2차 개정판).

12. *Living Flame*, 제3연에 대한 주석(2차 개정판).

13. *Dark Night*, 제1권, 제8장.

14. *Ascent*, 제2권, 제3장.

15. *Ascent*, 제2권, 제6-12장.

16. *Ascent*, 제2권, 제5장.

17. *Ascent*, 제1권, 제13장.

18. *Ascent*, 제1권, 제14장.

19. "*No hay estado de oración tan subido, que muchas veces no sea necesario tornar al principio,*" "처음으로 되돌아갈 필요가 없을 정도로 고귀한 상태의 기도는 결코 있을 수 없다"(*Life*, 제13장).

20. *Dark Night*, 제2권, 제5장.

21. K.Culligan과 R. Jordan이 편집한 *Carmelite Studies VIII: Carmel and Contemplation*(Washington, DC: Institute of Carmelite Studies, 2000), 309-10쪽에 실린 Constance FitzGerald의 "Transformation in Wisdom"에서 인용함.

22. *Living Flame*, 제1, 4연의 시와 주석.

23. "……*con grande conformidad de las partes, donde lo que tú quieres que pida, pido, y lo que no quieres, no quiero ni aun puedo ni me pasa por pensamiento querer*"(*Living Flame*, 제1연, 제1, 4단락).

24. Bernard of Clairvaux(1090-1153), *Tretise on the Love of God* 또는 *On Loving God*, 제8-10쪽.

25. 테레사, *Interior Castle*, First Mansions, 제1장; 요한, *Living Flame*, 제4연

에 대한 주석.

제4장

1. James Montgomery(1771-1854), 영국의 저널리스트이자 시인. 1818년 Edward Bickersteth의 *Treatise on Prayer*를 위해 쓰임. 이 시는 나중에 "Prayer Is the Soul's Sincere Desire"라는 찬송가의 1절 가사가 되었다. Montgomery 본인의 말을 빌리자면, 이 시는 "내가 그 동안 쓴 찬송가들 가운데 가장 매력적인 찬송가"라고 한다.

2. *The Way of Perfection*, 제25장.

3. *The Interior Castle*, Fourth Mansions, 제3장; Sixth Mansions, 제7장; *The Way of Perfection*, 제29장.

4. *Interior Castle*, Fourth Mansions, 제3장.

5. *The Ascent of Mount Carmel*, 제2권, 제13장.

6. 위의 제3장 각주 9번을 읽어보아라.

7. Hugh of St. Victor, *Selected Spiritual Writings*(New York: Harper & Row, 1962), 183쪽; 테레사, *Interior Castle*, Sixth Mansions, 제8장: "······*hace advertir a todo la presencia que trae cabe sí*."

8. "종교적 삶의 기저에는 신적인 접촉에 대하여 점점 희미해져 가는 기억이 아니라 지속적으로 갱신되는 긴급성이 놓여 있다." Thomas Kelly, *A Testament of Devotion*(New York: Harper & Brothers, 1941), 31쪽.

9. Kelly, *Testament*, 95쪽.

10. 테레사, *Life*, 제29장; 요한, *Ascent*, 제2권, 제24장.

11. 관상에 관하여 설명해 주는 전형적인 인용문들의 포괄적인 목록에 대해서는 www.shalem.org/quotes.html을 참조하여라.

12. 내면의 정원에 대한 테레사의 논의는 그녀의 책 *Life*, 제11-22장에 들어 있다. 그녀는 원래의 본문을 다 작성한지 2년쯤 뒤에 이 장들을 첨부하였다. 별다른 이견이 없는 한, 정원에 관하여 인용한 본문들은 모두 이 장들에서 비롯된 것이다.

13. *Life*, 제9, 12, 13장; *Way of Perfection*, 제26,28,29장; Gracián에게 보내는 122번째 서신: "가장 강력하고 가장 좋은 기도는 가장 좋은 영향을 미치는 기도이다."

14. *Life*, 제11장. 그녀는 계속해서 다음과 같이 말한다: "우리 모두 알다시피, 그것[하나님의 도우심]이 없이는, 우리가 단 한 가지의 좋은 생각도 해낼 수 없다."

15. *Interior Castle*, Fourth Mansions, 제1-3장.

16. *Life*, 제14장.

17. *Interior Castle*, Fourth Mansions, 제1장. 테레사는 *Life*를 집필하면서부터 이미 이러한 구별을 감지하고 있었다. 하지만 그녀가 이것에 관하여 명확히 설명한 것은 *Interior Castle*에서였다.

18. *Life*, 제14-15장.

19. *Life*, 제11, 14장.

20. *Interior Castle*, Fourth Mansions, 제2-3장; *Life*, 제7장.

21. *Interior Castle*, Fourth Mansions, 제1-2장; *Life*, 제7장.

22. *Life*, 제15, 17장.

23. *Life*, 제16-17장.

24. 테레사에게 익숙했던 본문들의 예를 들자면, Francisco de Osuna의 *Third*

*Spiritual Alphabet*과 Bernardino de Laredo의 *The Ascent of Mountain Sion*, 그리고 Jerome의 *Letters*가 있다.

25. *Life*, 제15-17장.

26. *Life*, 제16-17장.

27. *Life*, 제18장.

28. 이 "이해하지 못하여 생기는 이해"(understanding by not understanding)는 그리스도교 관상 전통에서 아주 고전적인 주제에 속한다. 때로 그리스도교 신비주의의 아버지라 불리기도 했던 3세기의 신학자 오리겐은, 설명할 수 없는 어떤 것을 묘사하기 위해서가 아니라 *지식의 한 가지 방법으로서* mystikos라는 그리스어를 사용하였다. 요한와 테레사의 신비주의 신학에 무척이나 강한 영향을 주었던 Pseudo-Dionysius 역시 unknowing은 knowing을 위해 특별히 중요한 방법이라고 보았다.

29. *Life*, 제18장.

제5장

1. Oscar Wilde, *Lady Windermere's Fan*(1892), 제1막.

2. *Dark Night*, 제1권, 제9장.

3. *The Living Flame of Love*, 제3연에 대한 주석.

4. *Dark Night*, 제1권, 제9장; *The Ascent of Mount Carmel*, 제2권, 제13-14장; *Living Flame*, 제3연에 대한 주석.

5. *Ascent*, 제2권, 제12장.

6. *Dark Night*, 제1권, 제9장.

7. 이것은 요한이 *Ascent*, 제2권, 제13장에서 첫 번째 신호로 묘사한 것과, *Dark Night*, 제1권, 제9장에서 첫 번째, 세 번째 신호로 묘사한 것을 혼합한 것이다.

8. 이것은 요한이 *Ascent*와 *Dark Night*에서 묘사했던 두 번째 신호를 혼합한 것이며, 이 인용문은 *Dark Night*, 제1권, 제9장에서 가져온 것이다. 나는 다음 장에서 어두운 밤과 좌절에 대하여 좀 더 많은 것들을 이야기할 것이다.

9. 이것은 요한이 *Ascent*, 제2권, 제13장에서 세 번째 신호, "가장 확실한" 신호로 묘사한 것이며, 이 인용문도 거기에서 가져온 것이다. 요한은 또한 *Dark Night*, 제1권, 제9장에서도 두 번째 신호를 논의하는 가운데 이것을 언급한다.

10. 이 영들에 관한 요한의 설명은 *Dark Night*, 제1권, 제14장에 실려 있다. 그는 이 영들을 기본적으로 감각의 어두운 밤과 연결 짓는다. 별다른 이견이 없는 한, 이 인용문은 그 출처로부터 비롯된 것이다.

11. 예컨대, 초대교회의 교부 터툴리안은 이렇게 말했다: "거짓 신들을 섬기는 자는 의심할 여지도 없이 진실을 더럽히고 간음하는 자다. 온갖 거짓은 다 간음이기 때문이다. 또한 그는 우상 숭배에 빠진 자다. 불결한 영을 지닌 동료들은 보편적인 오염과 우상숭배에 접근하지 않을까? 성경이 우상숭배(idolatry)를 꾸짖을 때 우상숭배(fornication)라는 단어를 사용하는 것도 바로 이런 이유에서다"(*On Idolatry*, 제1장, 이 책은 아마도 3세기 초에 쓰였을 것이다).

12. *The Spiritual Canticle*, 제1연. Kieran Kavanaugh와 Otilio Rodriguez가 번역한 *The Collected Works of St. John of the Cross*(copyright © 1964, 1979, 1991 by Washington Province of Discalced Carmelites ICS Publications, 2131 Lincoln Road N.E., Washington, DC 20012-1199, U.S.A., www.icspublications.

org(1991), 44쪽. 허락을 받고 리프린트함.

13. 테레사, "*Ayes del destierro*," "Sighs in Exile," 제8연.

14. 이것은 테레사의 가장 유명한 인용문으로 여겨지고 있으며, 그녀의 개성을 확실히 보여주는 대목이기도 하다. 그러나 나는 이것을 그녀의 작품이나 다른 어떤 신뢰할 만한 출처에서 한 번도 입증해 내지 못했다.

15. habitation, tolerance, 그리고 이 과정에 속하는 다른 측면들의 신경학적 · 정신적 원동력에 대한 상세한 설명을 원한다면 나의 책 *Addiction and Grace*(San Francisco: HarperSanFrancisco, 1991)를 참조하여라.

제6장

1. Walt Whitman, "Years of the Modern," in *Selections from Leaves of Grace*(New York: Crown, 1961), 100쪽.

2. 우울증과 그 밖의 정신 질환들에 관한 테레사와 요한의 통찰의 출처는 너무나도 방대해서 이루 다 열거할 수가 없다. 그러나 몇 가지만 예로 들면, 테레사의 *Interior Castle*, Sixth Mansions, 제1-3장; 그리고 특히 그녀의 *Foundations*, 제7장이 있다. 요한의 *The Dark Night*, 제1권, 제4, 9장도 참조하여라.

3. Gerald May, *Care of Mind, Care of Spirit*(San Francisco: Harper & Row, 1982), 84-92쪽.

4. *Dark Night*, 제1권, 제9장.

5. 이것은 *Depression*(Bethesda, MD: NIMH Publication No.00-3561, 2000)이라는 제목의 the National Institute of Mental Health 팜플릿을 아주 짧게 요약

한 것이다. 이 팜플릿은 NIMH Public Inquires, 6001 Executive Boulevard, Rm.8184, MSC 9663, Bethesdan MD, 20892-9663; (301) 443-4513; www.nimh.nih.gov/publicat/depression.cfm#ptdep3에서도 읽을 수가 있다.

6. *Dark Night*, 제1권, 제9장.

7. Judith Hooper, "Prozac and Enlightened Mind," *Tricycle: The Buddhist Review*(1999년 여름): 38-110쪽.

8. 좀 더 자세한 사항을 알고 싶다면, 내가 쓴 *Addiction and Grace*(San Francisco: HarperSanFrancisco, 1991)를 읽어 보아라. 특별 연구들에 대해 언급된 좀 더 최근의 리뷰 논문은 Eric Nestler의 "Molecular Basis of Long-term Plasticity Underlying Addiction", *Nature Review* 2(2001년 2월)다.

9. 나는 이 원동력들에 관하여 "Lightness of Soul: From Addiction Toward Love in John of the Cross", *Spiritual Life*(1991년 가을)에서도 설명했었다.

10. 요한, *The Living Flame of Love*, 제3연에 대한 주석; 테레사, *Life*, 제13장. 이 두 가지 출처에는 영성 지도에 관한 추천서들이 풍부하게 들어 있다.

11. *The Living Flame of Love*, 제3연에 대한 주석.

12. *The Living Flame of Love*, 제3연에 대한 주석.

13. *The Living Flame of Love*, 제3연에 대한 주석. 별다른 이견이 없는 한, 이어서 실린 인용문들은 모두 다 이 출처에서 비롯된 것들이다.

14. *Foundations*, 제21장.

15. Thich Nhat hanh, *Peace Is Every Step*(New York: Bantam, 1991), vii쪽에 실린 제14대 달라이 라마 Tenzin Gyatso의 거룩함.

16. 1940년대에 Ludwig von Bertalanffy가 최초로 제기한 바에 따르면, 조직이론은 그 어떤 실재의 집합체에도 적용할 수가 있다: 분자, 세포, 기관에서부터 종,

환경, 그리고 여기에서 언급한 사회조직에 이르기까지 말이다.

제7장

1. 리옹의 주교 Irenaeus(2세기), *Against Heresies* 4.20.7.

2. *The Spiritual Canticle*, 제14-15연에 대한 주석.

3. *The Living Flame of Love*, 제4연. Kieran Kavanaugh와 Otilio Rodriguez 가 번역한 *The Collected Works of St. John of the Cross*(copyright © 1964, 1979, 1991 by Washington Province of Discalced Carmelites ICS Publications, 2131 Lincoln Road N.E.,Washington, DC 20012 - 1199, U.S.A., www. icspublications.org(1991), 53쪽. 허락을 받고 리프린트함.

4. *The Living Flame*, 제4연에 대한 주석.

5. *The Interior Castle*, Seventh Mansions, 제1-2장.

6. *The Dark Night*, 제2권, 제1장. 여기에서 요한은 감각의 어두운 밤에 관하여 이야기하고 있을 뿐만 아니라, 다른 사람들처럼 "아주 큰 사랑"을 받을 수 있는 운명을 타고 태어나지 못한 사람들에 관하여서도 이야기하고 있는 것처럼 보인다. 하지만 분명히 그는 주기적이고도 간헐적인 새벽 경험의 존재에 관하여 설명하고 있으며, 하나님께서 각 사람을 위하여 염두에 두신 것들을 예견하기 꺼려하는 것 같다.

7. 요한, *Living Flame*, 제1, 3연에 대한 주석; *Spiritual Canticle*, 제26연에 대한 주석; 테레사, *Interior Castle*, Fifth Mansions, 제2장; Seventh Mansions, 제3장.

8. Modern King James Version, 시편 102:7; 테레사, *Life*, 제20장; 요한,

Spiritual Canticle, 제15연에 대한 주석.

9. 테레사, "Seeking God," from Kieran Kavanaugh와 Otilio Rodriguez가 번역한 *The Collected Works of St. Teresa of Ávila*(copyright ⓒ 1980 by Washington Province of Discalced Carmelites ICS Publications, 2131 Lincoln Road N.E., Washington, DC 20012-1199, U.S.A., www.icspublications.org(1985), 385쪽. 허락을 받고 리프린트함. 주의: 나는 마지막 두 줄에서 잘못된 번역이라고 확신되는 부분을 수정하였다.

나가는 말

콘스탄스 핏제랄드와 존 웰치 님께 무한한 감사를 드리며, 이 책을 그분들께 바칩니다. 그분들은 나에게 요한과 테레사의 지혜를 가르쳐 주셨고, 내 연구의 대부분은 바로 그분들의 해석을 기초로 한 것입니다. 하지만 이 책의 결론과 해석은 물론 나의 것이며, 이 책에서 만일 곡해한 부분이 있다면 다 내 책임입니다. 키에란 카바냐와 오틸리오 로드리게즈 님을 비롯한 다른 많은 카르멜회 수사 및 수녀님들께도 요한과 테레사의 작품을 훌륭하게 번역해 준 점에 대하여 감사드립니다; 테레사의 명시선집을 번역해 준 테사 비엘레키 님에게도 감사드립니다; 내 생일을 기억해 준 바바라 진 라로체스터 님에게도 감사드립니다; 그리고 성 제랄드 마요 축제일마다 꼬박꼬박 카드를 보내 주는 케빈 쿨리건 님에게도 감사드립니다.

한없는 격려를 보내 준 샬렘영성지도연구원*www.shalem.org* 동료들께도 깊은 감사를 드리며, 특히 끊임없는 사랑과 후원을 보내 주고 스페인어 번역에도 긴요한 도움을 준 내 아내 베티에게 진심으로 감사드립니다.

이 책에 소개된 영어 번역문들은 표준 스페인어 편집과 피어스의 고전적인 편집, 그리고 카바냐와 로드리게즈의 번역을 참고로 하고, 스페인어를 잘하는 그 밖의 다른 사람들 도움을 받아서—나는 스페인어가 그리 유창하지 못하기 때문입니다—대개가 내 나름대로 편집한 것들입니다. 이 책에서 나는 늘 토론에 적합한 방식으로 의미를 설명하려고 노력하였습니다. 카르멜회 연구소의 자료를 직접 인용할 때는 주석을 달아 표시하였습니다. 이렇게 할 수 있도록 승낙해 주신 그분들께 다시 한 번 감사드립니다.

영혼의 어두운 밤

펴낸일 · 2006년 12월 5일 초판 발행
지은이 · 제랄드 메이
옮긴이 · 신선명, 신현복
펴낸이 · 길청자
펴낸곳 · 아침영성지도연구원
등록일 · 1999년 1월 7일 제7호
홈페이지 · www.achimhope.or.kr

총 판 · 선교햇불
　　　전　화 · (02) 2203-2739
　　　팩　스 · (02) 2203-2738
　　　홈페이지 · www.ccm2u.com

ISBN 978-89-88764-29-3

(값 8,000원)